AF554555

L'ÉTAT
CONTRE DIEU

LA

RÉVOLUTION DÉNONCÉE PAR ELLE-MÊME

PAR

AUGUSTE NICOLAS

Pro aris et focis.

SOCIÉTÉ GÉNÉRALE DE LIBRAIRIE CATHOLIQUE

PARIS
VICTOR PALMÉ, directeur général
25, rue de Grenelle

BRUXELLES
J. ALBANEL, directeur de la succursale
29, rue des Paroissiens

1879

L'ÉTAT
CONTRE DIEU

LA

RÉVOLUTION DÉNONCÉE PAR ELLE-MÊME

PARIS. — IMP. V. GOUPY ET JOURDAN, RUE DE RENNES, 71.

L'ÉTAT CONTRE DIEU

LA

RÉVOLUTION DÉNONCÉE PAR ELLE-MÊME

PAR

AUGUSTE NICOLAS

Pro aris et focis.

SOCIÉTÉ GÉNÉRALE DE LIBRAIRIE CATHOLIQUE

PARIS	BRUXELLES
VICTOR PALMÉ, directeur général	J. ALBANEL, directeur de la succursale
25, rue de Grenelle	29, rue des Paroissiens

1879

La Civilisation ayant eu la primeur de ce nouvel écrit de M. Auguste Nicolas, a conçu aussitôt le désir de lui donner une publicité plus fixe et plus grande. A la demande de cette nouvelle faveur, il a été répondu par la lettre suivante :

Monsieur le Rédacteur en chef de

La Civilisation,

Vous avez bien voulu m'exprimer le désir d'éditer en un seul corps d'écrit, ce que j'avais déjà donné par coupures, sous le titre : *La Révolution dénoncée par elle-même*, à l'excellent journal que vous dirigez. Si vous croyez que ce travail soit si bien la pensée de *la Civilisation* qu'elle puisse le faire sien, je vous autorise volontiers à le publier ainsi à votre gré, et je suis heureux de donner en cela, à une feuille si justement appréciée, ce nouveau témoignage de sympathique estime et d'encouragement.

AUGUSTE NICOLAS.

Versailles, 1er mai 1879.

En confiant la dernière œuvre de sa plume à un journal encore récent, l'auteur des *Études phi-*

losophiques sur le Christianisme nous donnait une précieuse marque de confiance, et il sait quelle en est notre profonde et respectueuse reconnaissance. C'eût été mal reconnaître un tel honneur que de laisser éparses dans les feuilles détachées d'un journal une étude dont la suite est logique, dont les parties sont nouées par un raisonnement puissant. Un exemplaire de journal est chose fugitive, éphémère, que relègue dans l'oubli l'exemplaire du lendemain. Il ne fallait pas que le travail de M. Nicolas partageât la fragile destinée de nos articles, à nous, pauvres journaliers du labeur intellectuel. Il fallait le restituer dans sa forte unité, et le mettre en sa vraie place, celle où ne vont pas les journaux, dans les bibliothèques.

C'est pourquoi nous avons demandé à M. Auguste Nicolas l'autorisation de confier le sort de la *Révolution dénoncée par elle-même*, à l'éditeur intelligent qui a répandu par milliers tant d'œuvres savantes ou polémiques, à M. Victor Palmé.

Voilà donc ces articles devenus livre, et fixés dans leur forme durable et définitive.

Il y a déjà longtemps, à une époque où les esprits généreux et chimériques cherchaient entre le Christianisme et la Révolution je ne sais quel *modus vivendi*, M. Auguste Nicolas avait trouvé un mot : l'ÉTAT SANS DIEU, qui, en marquant la Révolution de son propre stigmate, désespérait les conciliateurs de l'inconciliable !

Mais la Révolution, obéissant à ce terrible : « marche, marche » de Bossuet, qui est la loi de l'erreur et du mal, aussi bien que de la mort, devait bientôt se « dénoncer elle-même ». — Hier, c'était l'ÉTAT SANS DIEU, aujourd'hui, c'est l'ÉTAT CONTRE DIEU. — Maintenant au moins elle ne permet plus le doute à ces esprits d'entre deux qu'elle pouvait naguère tromper et séduire.

Le nouvel écrit de M. Nicolas, dans sa substantielle brièveté, est comme le résumé et la conclusion de ses travaux antérieurs de publiciste chrétien, conclusion éclairée par la sombre lueur des faits contemporains.

Il appartenait à la grande autorité de l'auteur de dégager l'enseignement qu'emportent les catastrophes actuelles. Il appartient à tous les catholiques de le comprendre, et de le répandre.

Être pour ou contre la Révolution, c'est être pour ou contre Dieu.

Lorsque cette vérité sera comprise de tous, un nouvel ordre s'inaugurera dans notre société moderne, l'ordre chétien.

Puisse la voix grave et respectée de M. Auguste Nicolas avoir dans toutes les âmes le retentissement qu'elle mérite!

Puisse-t-elle contribuer au relèvement de notre patrie, et à la régénération de la société moderne avec et par notre Seigneur et Dieu : LE CHRIST !

HENRI DES HOUX.

Paris, le 11 mai 1879.

L'ÉTAT CONTRE DIEU

LA

RÉVOLUTION DÉNONCÉE PAR ELLE-MÊME

Nous sommes à un de ces moments révélateurs de la vie des peuples, où une expérience décisive des opinions préconçues, si spécieuses qu'elles aient été, fait un devoir à chacun de les suspendre, de les reviser, et de les abjurer, s'il y a lieu, avec le courage de la conscience aux prises avec une grande responsabilité.

De ces moments-là, il n'y a eu que trop dans ce siècle, à ne parler que de notre génération : 1815, 1830, 1848, 1871, et, dans l'intervalle de ces dates de plus en plus critiques, tous les événements qui en accusaient la tendance et qui en grossissaient la leçon. Mais le moment présent a cela de plus grave que tous les autres, qu'il les résume, qu'il en épuise la matière, et que l'expérience s'y fait à froid, sans excuse comme sans illusion.

Un mal mystérieux travaille la France depuis bientôt cent ans, et ne lui permet de se relever, avec toutes les énergies de sa riche nature, que pour la faire retomber dans des crises périodiques de plus en plus funestes, laissant en chacune d'elles une portion de plus en plus grande de son caractère, de sa foi en elle-même, et de son existence propre de grande nation. Nous l'appelons mystérieux, parce que, accusé par les uns, préconisé par les autres, tour à tour l'un et l'autre par plusieurs, il est discuté par tous. Ce qui ne peut être douteux pour aucun, en attendant qu'on s'entende, c'est qu'il est de la nature de celui que les Latins des derniers temps appelaient (analogie singulière avec son foyer parmi nous), *morbus comitialis*, une sorte de mal caduc; et que si, comme le disent gravement quelques-uns, il est tellement incurable qu'il faille s'accommoder avec lui pour en vivre, ce n'est là qu'un euphémisme de la nécessité d'en mourir.

Eh bien, non : nul n'accepte la mort, même déguisée, surtout une mort honteuse; il est toujours temps de s'en défendre ; ou, si on doit mourir, de mourir du moins à sa guise : et, pour une nation comme la France, ce ne pourrait être que dans la vérité et dans l'honneur.

C'est pourquoi il est plus que jamais opportun et urgent de sonder une dernière fois le mal en tout sens, pendant qu'il s'accuse lui-même et que les yeux sont ouverts, pour en rapporter le diagnostic, et prendre à son égard de viriles et suprêmes résolutions.

C'est ce que nous allons essayer de faire, en conviant à cette tâche tous ceux qui méritent le nom qu'ils se donnent, de *conservateurs*.

I

Le mal en question, s'il est permis de l'appeler par son nom (car, jusqu'à ce jour, on l'avait, tout à la fois, tellement jugé compromettant et ménagé, que le nommer était taxé d'imprudence), c'est la Révolution.

Ce qui a fait la fortune de la Révolution, toute sa fortune, c'est d'avoir paru complexe. Ce qui doit la ruiner dans tous les esprits qui n'en sont pas trop imbus, c'est de la ramener à sa brutale simplicité, ou plutôt, car c'est là le bénéfice autant que le danger de la situation présente, c'est de l'y prendre. A l'heure qu'il est, nous en avons, comme on dit en chimie, le *précipité.*

A son origine, en 89, on pouvait, en un sens, s'y tromper : des abus condamnables semblaient l'autoriser. Leur réformation, cependant, pouvait-elle se faire sans ce qui la caractérisa dès lors : le renversement de l'édifice social jusqu'à ces dernières substructions au-dessous desquelles il n'y a plus que l'abîme ? En fait (nous verrons plus loin en raison), l'affirmative est indiscutable, et la Révolution va en convenir dans les termes les plus formels. Quand les députés partirent de leurs provinces avec nos *cahiers*, ils portaient en ceux-ci le mandat sacré de ne pas procéder par ce fatal renversement ; et, quand ils arrivèrent à Paris, la Révolution était, de plus, superflue. Louis XVI était salué par la nation : le *Restaurateur des libertés françaises*. Il ne manqua à l'infortuné monarque que d'avoir été réellement *monarque*, en réformant les abus anciens et en fondant la liberté moderne à lui *seul* et de son *chef*, comme Henri IV fit ses *Édits de pacification*, sans les États-généraux, qu'il ajourna.

Alors, la même main qui nous ouvrait les portes de la liberté aurait tenu fermées celles de la Révolution, où elle ne pouvait qu'être engloutie. Je laisse à l'esprit le plus honnêtement libéral de notre temps de dire un mot plus fort, qui n'a de sens que comme expression de désespoir de la liberté par la Révolution, mais qui devient positif si on l'applique à la monarchie : « Oui, dit Tocqueville, j'incline à croire qu'accomplie par un *despote*, la Révolution nous eût laissés peut-être moins impropres à devenir un jour une nation libre que faite au nom de la souveraineté du peuple et par lui (1). » Mais ce n'eût été *que* la réforme des abus et *que* la liberté assurée, et ce n'eût pas été la *Révolution!*

Voilà l'histoire, de plus en plus éclaircie à nos yeux sous les plumes les moins suspectes, et nous le verrons, je le répète, de l'aveu de la Révolution elle-même. Mais enfin, le mouvement étant préparé par la rupture antérieure de tous les liens intellectuels et moraux, on se lança à l'aventure de la Révolution avec une fièvre chaude qui, en nous reportant à cette époque, explique cette grande aberration à sa première heure.

1. *L'Ancien régime et la Révolution*, p. 276.

Mais après?

De réforme des anciens abus il n'y avait plus sujet : la chose était acquise ; il n'y avait qu'à l'organiser en partageant le mérite de son bienfait avec le monarque. Mais, si c'était là notre compte, ce n'était pas celui de la Révolution. Un autre but était visé par elle à travers celui-là, qui n'en fut plus que le mensonger prétexte : l'éversion sociale passant des prétendus principes dans les faits.

Ce qu'était la Révolution, en résultat, on le vit alors. Passa-t-elle seulement le but? Traversa-t-elle la liberté à force de la vouloir?... Jetons un voile, je le veux bien, sur ses suprêmes horreurs ; étendons-le même, en arrière, de 93 à 89, sur ses premières journées des 5 et 6 octobre, qui le disputent en sujet d'exécration à celles de Septembre, avec cette aggravation qu'elle s'y porta de premier bond. Disons seulement qu'elle fut bien malheureuse dans sa haine des abus, en leur substituant les plus monstrueux attentats, et dans son amour de la liberté, en l'étouffant dans les bras sanglants de la tyrannie. Tout au moins doit-elle être jugée impropre à une si sainte œuvre, et n'a-t-elle droit qu'au bénéfice de l'oubli : soit.

Mais elle ne l'entend pas de la sorte. Ce qui

nous paraît le décisif témoignage de son incapacité, elle en fait son titre ; ce que nous voudrions cacher pour elle, elle s'en glorifie. Si elle était à recommencer, elle déclare qu'elle ne s'y prendrait pas autrement. Bien plus, elle ne cache pas que son œuvre ne fut alors qu'entreprise, et qu'elle entend la pousser plus loin dans le même sens et par les mêmes moyens. Par le fait, chaque fois qu'il lui a été donné, depuis, de la reprendre, ce qu'elle appelle le *progrès* s'est accusé par des visées de plus en plus profondes contre l'ordre social, à travers tout droit, toute liberté, tout intérêt de cet ordre. Pour tout dire, ce que nous sommes toujours tentés de considérer comme un abus de sa part n'a pas même, selon elle, atteint l'usage, et son programme en est encore à ses débuts.

En fait, cela est manifeste comme la lumière du jour, et du jour présent.

Voilà le mal dans son phénomène matériel et externe. Mais, quel en est l'esprit ? Quelle est la raison de ce fait séculaire, persistant, croissant, si fort au delà de sa cause première historique apparente, la liberté, et à contre-sens de cette cause même ?

C'est là le mystère qui, tant qu'il ne sera pas expliqué, tant qu'on n'en aura pas révélé le mot, permettra toujours au sphinx révolutionnaire de dévorer les générations et d'en épuiser la substance.

C'est à cet éclaircissement qu'il faut maintenant nous appliquer.

II

Le problème de la Révolution est des plus simples. La difficulté de son explication n'est pas en lui, mais en nous. Elle tient à ce que nous sommes nous-mêmes plus ou moins atteints, à notre insu, du mal révolutionnaire, et ses complices inconscients. Cependant, il reste encore, chez tous ceux qui n'en sont pas les sectaires, assez de parties saines pour en revenir, quand on en saura le fond.

Toute la raison de la Révolution est dans son but.

Or, son but, son but unique, exclusif, quel est-il ?

Parmi tous les abus de l'ancien régime, il en est un, pour elle, qui les domine tous, et qu'elle a pris à tâche d'extirper à tout prix, fût-ce au prix de nos libertés, de nos droits, de notre honneur, de notre existence nationale même, s'il le faut ; et il est de la nature de cet abus qu'il le faille, comme pour extirper la racine, il faut sacrifier l'arbre avec toutes ses branches.

Cet étrange abus pour la Révolution, d'autant plus étrange qu'il n'est pas de l'ancien régime seulement, mais de tous les régimes partout, et, à vrai dire, du genre humain jusqu'à nos jours, faut-il le nommer ? C'est Dieu. — Voilà le mot de son énigme.

Qu'on ne se récrie pas : outre que cela éclate aujourd'hui dans toutes les bouches de la Révolution en mille échos de ce cri du maître : *Dieu, c'est le mal*, nous allons le démontrer.

Qnand nous disons Dieu, nous n'entendons pas dire Dieu abstrait, quoique la libre pensée révolutionnaire poursuive la notion de Dieu jusque-là, de peur qu'il ne revienne ; mais Dieu dans la conscience humaine et dans ses manifestations sociales.

Voilà, non pas un des objectifs, mais l'Objectif de la Révolution qui comprend tous les autres ; auquel elle a toujours visé en couvrant ses approches de mots de passe divers, mais qui, au fond, ont toujours voulu dire : Dieu, *voilà l'ennemi!* Ce n'est pas seulement l'athéisme social par incurie et à l'état passif, c'est une véritable *Théophobie*, la haine écumante de Dieu et de ses institutions.

La Révolution n'est pas seulement atteinte de cette maladie : elle est cette maladie-là même; c'est sa raison d'être, qui aussi explique tout en elle.

Avant de le montrer, faisons ici une remarque en passant :

C'est qu'en cela la Révolution est de l'ancien régime dégénéré, et qu'elle se porte l'exécutrice testamentaire de son dernier et pire esprit. Aussi l'avons-nous vue, en 1878, en pleine acquisition séculaire et incontestée des libertés et des droits qui ne sont plus en question, remonter elle-même en plein Louis XV, en plein régime des abus et de leurs courtisans, pour y prendre ses sujets d'apothéose et s'en autoriser. C'est là qu'elle va chercher les idoles qu'elle propose, qu'elle impose sur nos places publiques à notre culte.

Quel est donc ce singulier esprit qui se prête à des régimes d'apparence séparés par un abîme?

C'est la révolte de la conscience contre son éternelle loi ; c'est la reprise, dans l'ordre civil et social, sous le nom de Révolution, de ce que la Régence avait vomi, dans les idées et dans les mœurs, sous le nom de philosophie. C'est le même régime successif d'irréligion et d'impiété, érigé de crime en droit. C'est l'athéisme passé des boudoirs dans les clubs, des salons dans les parlements, des libelles dans les lois, des coulisses sur la scène.

Mais il faut le montrer dans la Révolution même, comme sa raison d'être expliquant tout en elle : ses principes, ses pratiques et ses résultats. Nous aurons alors justifié que c'est bien là le mot de son énigme, par cette loi mathématique que, si la solution explique le problème, le problème expliqué prouve la justesse de la solution.

III

Le mal est forcément logique, parce qu'il l'est de la logique même du bien, dont il est la contrepartie ; et c'est cette logique, funeste pour lui, autant qu'elle est propice au bien, qui, quoi qu'il fasse, ou plutôt à proportion qu'il agit èt qu'il avance, le perd toujours. Il ne peut progresser que vers sa ruine, y entraînant tout ce qui ne s'en sépare pas à temps.

Le but, avons-nous dit, de la Révolution, qui par là-même est sa raison d'être, c'est l'athéisme social. Cela se voit aujourd'hui. On pourrait croire, cependant, que c'est le tort accidentel de ses agents à cette heure. Sans doute, ils sont maladroits : mais, à moins de ne pas agir et aboutir, ce qui serait abdiquer, le mal, heureusement, est finalement et fatalement maladroit. Mais, ce qui convainc d'abord la Révolution d'être ce que nous avons dit, athée, c'est qu'elle l'est d'essence native, et que cela apparut dès son aurore.

Ce qu'elle appelle ses *principes* ne fut pas autre chose.

Une société qui eût été chrétienne, comme la France l'avait été dans les siècles antérieurs, n'aurait pas fait la Révolution. Elle se serait réformée et aurait progressé au souffle même de ses croyances, comme elle en a donné si longtemps le beau spectacle au monde ; mais en même temps, lestée par elles, elle n'aurait pas sombré ; elle aurait continué d'avancer vers des progrès nouveaux, sans préjudice de ceux qu'elle aurait réalisés. Nous aurions la vérité et la sécurité de tout ce dont nous n'avons que le tourment et l'impuissance.

Mais, dans le vide des croyances, les esprits s'exaltèrent ; ils firent irruption dans ce vide, ne voyant pas que c'était un abîme. A ce premier moment, l'*homme* se posa, lui seul, comme son principe et sa fin à lui-même. Non content de la noble part que Dieu lui fait toujours, il voulut remplacer Dieu même dans le gouvernement supérieur des affaires humaines. Il s'émancipa, non pas seulement de tel ou tel joug, mais de toute idée de joug : le mot même en fut brisé comme hors d'usage. *Il déclara ses droits* sans dire mot de ses devoirs. Il affirma sa *souveraineté* à l'exclusion de toute autre suprématie, même mentale. Il *sécularisa* sa vie publique. Il *coupa le câble* qui avait toujours relié les générations aux générations et rattaché la terre au ciel. Il *constitua* l'État sans ancêtres, et sans le grand Ancêtre, *Dieu*. En un mot, il crut sérieusement et il se livra avec enthousiasme à l'invention qui avait fait la risée de la sagesse antique : *fonder une république dans les airs.*

Il y eut là un éclair, rien qu'un éclair, de superbe et délirante ivrese. On crut avoir réagi, non contre tel régime, mais contre tout régime, et la répulsion dont était l'objet l'ancien régime s'étendit à tout le passé du genre humain. On fut même généreux et libéral d'une si belle découverte. En la faisant pour soi comme Français, on la fit pour l'espèce humaine tout entière. Le Français même disparut, et à ses yeux toute distinction de nationalité et de race, dans un immense cosmopolitisme et un vaste embrassement de délivrance. Il n'y eut plus que l'*homme*, stipulant avec lui-même pour lui-même, se donnant le mandat de refaire à lui seul le monde, qui procéderait à nouveau de sa seule initiative créatrice, réputant faux, exécrable et tyrannique tout ce qui avait eu cours jusque-là sous les noms de gouvernement et d'autorité.

Ce qui caractérisa ce phénomène de naïve exaltation, unique dans l'histoire des aberrations de l'humanité, ce fut l'*abstraction*, comme on le voit dans les *déclarations* qui en furent la formule; l'abstraction de toute chose reçue et pratiquée dans les sociétés, y compris Dieu.

Fut-ce oubli ? fut-ce intention ? Ni l'un nil'autre en ce commencement; car, depuis, la négation et l'expulsion de Dieu s'en sont dégagées : ce fut instinct de principe. Dieu disparut par *prétérition* et faute de place, l'homme occupant toute celle qu'il faisait. L'athéisme était, peut-on dire, en incubation. Dans cette nouvelle Genèse, ce n'était pas l'*esprit de Dieu* qui *était porté sur les eaux*, mais « cet esprit d'athéisme distillé à » l'alambic de l'enfer, qui est en ce moment, » écrivait Burke en 1790, en si furieuse ébulli- » tion en France. »

Chose des plus caractéristiques et significatives, en effet : toute grande entreprise de l'homme appelle l'idée de Dieu. Il éprouve le besoin de rattacher la hardiesse de ses desseins à l'Immuable, et il ne s'y embarque pas sans cette suprême précaution qui les stabilise et les consacre : a *Jove principium.* Il suspend en quelque sorte ses principes de conduite à ce premier Principe. — Dans les *principes de* 89, rien de cela : pas un mot de Dieu dans cette immensité. Tout au contraire : *ab homine principium* ; ce qui était une déclaration implicite d'athéisme plus insolente en un sens que si elle eût été formelle ; car c'était en agir comme si Dieu ne comptait plus, et qu'on n'eût pas même besoin de lui dire : *Ote-toi de là que je m'y mette*, tant en effet on en avait balayé jusqu'à la place, tant on en avait fait le désert. Jamais l'homme ne monta si haut d'orgueil. Ce fut, au propre, le délire du poëte,

De son front triomphant allant frapper les cieux.

Mais les cieux ne tardèrent pas à montrer qu'ils ne sauraient, eux non plus, être pris au figuré, en répondant tout aussitôt à leur négation et à leur mépris par la plus prompte répartie de leurs droits et la plus formidable réaction de leur justice qui aient jamais, depuis Babel, confondu et puni l'orgueil de l'homme. La vérité de Dieu, sa nécessité sociale, l'impossibilité absolue de la méconnaitre et de s'en passer pour toute entreprise de fonder quelque régime que ce soit, et à plus forte raison un régime de droit, de liberté, de réforme et de progrès, s'attestèrent au monde par une leçon égale à l'audace de l'attentat, et dont le nom de TERREUR restera à jamais inscrit dans l'histoire en traits de sang. Et ce qui rendit surtout cette leçon mémorable comme directe, et, c'est bien le cas de le dire, *ad hominem*, c'est qu'elle ne fut pas prise du dehors, de fléaux de la nature ou d'événements providentiels dont on pût discuter le sens, mais qu'elle fut tirée de l'œuvre impie elle-même et de ses propres ouvriers, comme on rapporte qu'il en fut de la tentative apostate de reconstruire le temple de Jérusalem contre la malédiction de Dieu. Il est même remarquable, à l'honneur, mais aussi pour l'instruction de la France, que l'Europe fut tenue à distance par nos victoires, pour mieux laisser, dirait-on, la Révolution se déchirer elle-même dans ses fureurs, comme un criminel réservé à un supplice à part comme son forfait, et pour que *la justice même fût infâme.* Elle planera éternellement sur l'humanité cette justice de Dieu tirée de son mépris, comme une démonstration épique de cette vérité que les États devraient graver à leur fronton :

At sperate deos memores fandi atque nefandi,

s'ils ne veulent qu'on inscrive sur leurs ruines :

Discite justitiam moniti et non temnere divos.

Il semble, après cela, que la Révolution eût dû

rester ensevelie sous son œuvre. Oui, si elle eût été abjurée dès lors. Mais, ne l'ayant pas été, c'est un témoignage en un sens plus décisif encore contre elle (qui doit nous porter à en finir avec elle aujourd'hui), que rien de stable n'ait pu se faire en France durant cent ans, à proportion qu'on a voulu l'y employer ou qu'elle n'en ait pas été refoulée. La prolongation et la fréquence de l'expérience viennent s'ajouter à la rigueur de sa première tentative, avec cela de plus fatal, qu'ayant épuisé de plus en plus la substance sociale, elle nous laisse sans cohésion et sans force pour lui résister, si nous ne la rejetons par un suprême effort.

A cet effet, après avoir justifié son stigmate d'athéisme par ses principes, il faut le voir dans ses pratiques jusqu'à nos jours.

IV

Que les pratiques de la Révolution ne dénoncent pas moins en elle l'athéisme que ses principes, ce n'est que trop clair à l'heure où nous sommes. Que veut-elle, que fait-elle autre chose que de s'en prendre à tout ce qui porte le caractère de religion, que de faire la chasse à Dieu en tout et partout? Elle en est monotone et stupide autant que monstrueuse.

Or, ce qu'elle est et ce qu'elle fait aujourd'hui, elle l'a été et elle l'a fait toujours.

Le premier usage de ses *principes* fut de mettre la main sur l'Église, sur ses biens, sur ses ordres religieux, sur sa constitution, sur son culte et ses ministres. Elle ne fut qu'une longue traînée de proscriptions religieuses et qu'une sanglante orgie de profanations, couronnées par sa digne personnification déifiée sous les voûtes de Notre-Dame. Elle ramena le monde chrétien aux catacombes.

Entre alors et aujourd'hui, elle ne s'est jamais démentie, à proportion qu'elle a été admise au pouvoir ou qu'elle s'en est emparée.

Comment a-t-on pu lui faire honneur du *Concordat?* Sans doute Napoléon a pu être, en un sens, la Révolution faite homme et coulée en bronze. Mais, avant tout, il était *lui*. Son génie italien et surtout césarien ne pouvait s'accommoder ni de l'impiété ni de l'anarchie, qui se tiennent par un lien étroit. Il était assez convaincu pour répudier la première, et assez intéressé pour refouler la seconde et enchaîner en toutes deux la Révolution. C'est ce qu'il fit par le Concordat, à la grande révolte de celle-ci. Ce fut pour lui un second 18 Brumaire, qui lui fit pardonner le premier par la société doublement délivrée. Comme par l'un il avait défoncé les portes derrière lesquelles se retranchait la Révolution, par l'autre il ouvrit à la religion celles de la France : le plus hardi autant que le plus glorieux des deux ne fut pas le premier. Et ce n'étaient pas les énergumènes et les hommes de sang qui lui barraient le chemin : il en avait eu déjà raison par ses baïonnettes et la déportation. C'étaient, nous dit M. Thiers, les savants, c'étaient les pouvoirs publics, c'était le *parti révolutionnaire modéré* et jusqu'à ses propres généraux, qui, par cela seul qu'ils tenaient encore de la Révolution, *s'indignaient surtout du Concordat comme de l'acte le plus contre-révolutionnaire qui se pût imaginer*. En passant outre par des menaces réitérées de coups d'État, *résolu qu'il était de se porter aux plus grandes extrémités*, *et ne parlant que de briser les corps qui lui résisteraient* (1), Bonaparte se fit un honneur à lui exclusivement propre, et qu'on ne saurait, sans dénaturer l'histoire, mettre aujourd'hui au compte de la Révolution.

Que le César, en lui, fût doublé du révolutionnaire, cela n'est pas douteux ; car, indépendamment du milieu d'où il était issu, on peut dire que c'est là le propre de tout César. Aussi n'a-t-on pas à aller loin pour trouver chez lui des actes qu'on puisse attribuer à la Révolution : au revers même du *Concordat*, voyez les *Organiques ;* au revers du Pape à Notre-Dame, voyez le même Pape à Fontainebleau. Mais, par là-même, le Concordat est le revers de la Révolution.

Pourquoi ne pas faire honneur aussi à la Révolution de la *fête à l'Etre suprême* par Robespierre? Sans doute, on le peut aussi ; mais comme on peut faire honneur à la tête de Méduse de l'horreur qu'elle inspirait. « Les montagnards de « la Convention, nous dit l'un d'eux, furent épou- « vantés en face du néant de croyances qui s'ou- « vrit subitement à eux. Un inconnu formidable, « une nation sans culte, sans foi, sans Dieu, se

1. *Histoire du Consulat et de l'Empire*, t. III, p. 285, 318, 320, etc.

« dressa pour la première fois devant eux. Il y eut « un moment où les plus hardis sentirent un vrai « frisson, qu'ils ont appelé l'*effroi moral...* (1). »

Le flot qui l'apporta recule épouvanté.

Eh bien, nous avons ici la mesure de ce qu'est la Révolution ; non pas seulement de ce qu'elle fut à cette sinistre époque, mais de ce qu'elle est en train de devenir à l'heure où nous sommes ; car elle est toujours en progrès, ne se révélant et n'avançant qu'à proportion qu'on ne lui résiste pas, jusqu'à ce qu'on ne puisse plus lui résister. Ecoutez-la se parlant de nos jours à elle-même.

« Les terroristes eurent peur, se dit-elle ; il leur « a manqué la grande audace. Ils n'étaient pas « hommes à déplacer le dieu Terme du moyen-« âge... En concluant à l'abolition de la religion, « les girondins dépassèrent les jacobins de vingt « coudées. La République *classique* de Robes-« pierre ne pouvait *rien comprendre* à cet effort « populaire d'abolition qui était LA RÉVOLUTION « MÊME... Sans doute, c'est une question de savoir « si une nation peut vivre sans religion. L'im-« mense intervalle que les philosophes ont eu tant

1. *Mémoires inédits du conventionnel Baudot.*

« de peine à parcourir en plusieurs siècles, le « peuple le franchira-t-il en un jour? Il l'a du « moins tenté : ce sera là, éternellement, LA MAR-« QUE SOUVERAINE DE LA RÉVOLUTION FRAN-« ÇAISE (1). »

Ce n'est pas nous qui le disons, c'est elle qui se dénonce telle qu'elle nous apparaissait déjà dans ses principes et dans ses actes, et il faudrait, non-seulement fermer les yeux, mais se boucher les oreilles, pour douter encore que la *marque souveraine de la Révolution* soit autre chose que l'*abolition de la religion*, avec cette *grande audace* auprès de laquelle la République de Robespierre ne fut que *classique*. Voilà où nous en sommes; voilà ce que la Révolution poursuit sous nos yeux de tous ses rugissements : *étouffer le catholicisme dans la boue* (2), et, s'il le faut, dans le sang; car de la boue au sang, pour la Révolution, il n'y eut jamais loin.

Après avoir reconnu ce sinistre caractère de la Révolution dans ses principes et ses pratiques, constatons-le dans ses résultats.

1. La *Révolution*, par Edgard Quinet.
2. Dernier mot de M. Edgard Quinet lui-même.

V

-Les résultats d'une œuvre sont, en effet, le définitif criterium de son caractère et de sa portée, surtout quand ils se répètent depuis un siècle.

D'après cela, c'est une impardonnable erreur, après tant d'expériences du contraire, de croire que la Révolution soit chose politique ou qu'elle soit susceptible de le devenir. Mais, ce qui est une erreur plus impardonnable encore, c'est de s'obstiner à croire que, si elle était une politique, elle serait ou pourrait devenir une politique de liberté.

C'est là, il est vrai, son masque; mais elle l'a si souvent jeté, sali, percé, déchiré, faussé, qu'on ne conçoit pas qu'elle ose encore se le rajuster, et qu'il y en ait qui s'y laissent prendre. Il ne paraît s'adapter à son visage que par une date, 89. Mais, outre qu'elle rejette cette date comme trop étroite pour elle et bonne seulement pour les simples libéraux, outre qu'elle crève même 93 comme *classique* et n'allant pas à la *grande audace,* la première de ces dates, pour y remonter, a deux faces, tranchées par la plus criante opposition :

l'une monarchique, l'autre révolutionnaire. A cette même date, en effet, où aboutissaient les réformes et les libertés qui, par une série de progrès partant de l'Évangile, étaient arrivées à maturité dans l'ordre politique et social, la Révolution, réagissant contre leur divin principe, nous reportait en plein paganisme, par la plus sauvage tyrannie qui ait outragé l'humanité. Elle nous rejetait de la civilisation dans la barbarie et nous y vouait. Son masque politique de 89, aujourd'hui, est retourné par la main de l'histoire. Non, elle n'est pas chose politique et n'a rien à revendiquer dans les biens de cet ordre qui nous étaient acquis, que leur naufrage ou leur flottante instabilité.

Qu'est-elle donc? Elle est une secte, une hérésie antichrétienne, comme le furent à un moindre degré celles des Manichéens, des Cathares et des Albigeois, qui firent courir un si grand risque à la société européenne au treizième siècle, sous le masque, elles aussi, d'un purisme et d'un rigorisme qui couvraient les plus odieux attentats. Elle est la somme confluante de toutes les hérésies antérieures, aboutissant en elle à la négation, non de tel ou tel dogme, mais du dogme universel du genre humain et de la nature même :

Dieu, la religion, le pouvoir social qui en émane, quelle que soit sa forme. Elle est, pour l'appeler par ses noms : le *Radicalisme*, l'*Internationalisme*, le *Socialisme*, le *Communisme*, le *Nihilisme*, ayant pour foyer souterrain et universel la Franc-maçonnerie. Que si vous lui demandiez pourquoi tant de noms, elle pourrait vous répondre : c'est que *je m'appelle Légion.* Voilà ce qu'elle est dans son *Esprit*, toujours pire que ceux qu'il posséde, et qu'il pousse à la suprême destruction.

En voulez-vous encore le curieux aveu de sa bouche, l'aveu que ses visées ne sont nullement politiques ; notamment que les réformes de 89, dont elle s'autorise si souvent comme de ses conquêtes, pour mieux les confisquer, ne lui doivent rien, qu'elles s'opéraient de soi et étaient acquises quand elle intervint ; mais que ce n'était pas là son affaire ; bien plus que son affaire était d'en jouer le sort contre leur principe et leur garant, la religion et le pouvoir ?

« Supposez, dit-elle, que la France ne se fût
« proposé *que ce qu'elle a obtenu*, elle n'aurait
« pas eu besoin de révolution. Tout était facile,
« *tout s'accomplissait de soi*. Les choses, les

« lieux, les souvenirs, les intérêts, les principes, « les parentés et les hostilités de race, tout cé- « dait. La *révolution* (entendez-vous bien ?) « *était faite...* » — Voilà qui est entendu — Quelle a donc été la part de la Révolution dans cette grande œuvre, dont elle s'arroge si souvent le tout, et qu'est-elle venue y faire ? — « ...était « faite, *tant que l'on ne touchait pas à la re-* « *ligion et au pouvoir*. Mais, de ce jour-là (du « jour de la Révolution) tout changea, et l'on « sembla se mesurer avec l'impossible. *Alors* « naquirent les tempêtes. On parut s'insurger « contre la nature des choses. » (1)

Voilà le vrai de la Révolution denoncé par elle-même ; le vrai d'alors, le vrai d'aujourd'hui, le vrai de chaque fois, depuis quatre-vingt-dix ans, que nous avons voulu défendre contre elle ce que nous avions obtenu sans elle : notre patrimoine chrétien de liberté.

Ce qu'elle a voulu, ce qu'elle veut toujours, l'unique chose qu'elle sache faire et qui soit de son ressort, c'est de *toucher* à *la religion* et, en elle, à l'essence du *pouvoir* : et nous savons ce que *toucher* veut dire. Le régime politique lui

1. La *Révolution*, par Edgard Quinet.

importe peu, pourvu qu'on lui accorde cette grande proie; et on peut la mener alors jusqu'à lécher les pieds du césarisme. Elle honore seulement la Monarchie de sa haine, autant qu'elle déshonore la République de son choix.

Elle est si peu chose politique, qu'elle nous laisserait nos libertés; d'autant qu'elle y serait intéressée, puisqu'elle en prend, autant qu'elle peut, le masque. Seulement elle est forcée de nous les retirer jusqu'à la plus abjecte servitude, son système étant donné d'attaquer la religion et le pouvoir; et c'est le plus évident témoignage que la liberté leur est inhérente.

Toujours est-il qu'elle ne peut toucher à ces grandes choses sans faire *naître les tempêtes; comme si elle se mesurait*, dit-elle, *avec l'impossible, et qu'elle s'insurgeât contre la nature des choses*. Elle s'en étonne; mais elle s'en étonne moins qu'elle ne s'y résout, le sachant. Elle en court le risque pour elle : ce qui se comprend de reste, parce qu'elle n'y joue rien qui vaille son abdication et qu'elle y gagne les fanatiques assouvissements de sa haine. Mais reste à savoir si nous devons être ses partenaires contre nous-mêmes; et il importe, à cet effet, de bien nous convaincre, par une courte observation de cette *nature des choses* qu'il nous faudrait affronter, de l'impossibilité d'une autre issue que celle de nous y perdre.

VI

Figurez-vous un singulier pilote qui, après avoir vingt fois fait sombrer le vaisseau dont on l'a laissé s'emparer, est obligé de convenir lui-même que son entreprise est de celles qui vont aux abîmes : que diriez-vous de passagers que cela ne ferait pas réfléchir ?

Réfléchissons donc un peu, non sur la malechance, mais sur la fatale certitude de ce résultat de la Révolution à l'heure où nous sommes, pour le conjurer de toutes nos résistances et en prévenir le risque pour l'avenir.

A coup sûr, c'est s'insurger contre *la nature des choses*, c'est se vouer aux naufrages, que de s'armer en course contre la religion, autant qu'il est vrai que la religion est le vaisseau même de toute société, surtout cette religion révélée don l'Église a ce divin privilége, que Platon appelait de tous ses vœux, pour la sécurité de l'esprit humain, *de ne pas craindre les tempêtes.*

Qui dit société dit *liens*, obligations, devoirs respectifs des hommes entre eux, qui les préservent de la chimérique indépendance de la vie sauvage où leur race ne peut que dégénérer et périr. C'est un composé de devoirs et d'égards, d'assistance et de services mutuels, où ils mettent en commun tout ce qu'ils ont de bon pour réprimer tout ce qu'ils ont de mauvais. — Rien que par cette définition indiscutable, on peut juger déjà d'un état de choses où les hommes mettraient en commun ce qu'ils ont de mauvais pour interdire ce qu'ils ont de bon. Dans le premier cas, c'est la liberté par la répression du mal, et, dans le second, la servitude par son déchaînement et sa tyrannie.

Les devoirs respectifs des hommes entre eux, voilà donc le fond commun de toute société. Aussi toute société, jusqu'à la Révolution, s'était constituée sur une *Déclaration de devoirs*, uniquement composée de prescriptions : ainsi, le *Décalogue*, la loi des *douze Tables*, etc. — La Révolution, au sens contraire du genre humain, a entrepris de constituer les sociétés sur une *Déclaration de droits.*

Sans doute, les hommes en société ont des des droits; qui le nie? ce n'est pas nous, qui les revendiquons sans cesse, sans en tant parler, contre cette même Révolution qui n'en parle tant que pour nous les ravir.

C'est qu'entre elle et nous il y a antinomie complète sur la valeur de ce mot : droit.

Jusqu'à ce jour, les *droits* de l'homme ont été pris comme corrélatifs à ses *devoirs.* Ce sont les deux côtés d'un même feuillet, a-t-on fort bien dit : seulement, ce qu'il faut ajouter, c'est que c'est le devoir qui est au *recto.* Il n'y a de droits, socialement parlant, que tout autant qu'il y a de devoirs : de devoirs à exiger de ceux qui y sont tenus envers nous, et surtout de devoirs à accomplir nous-mêmes. L'idéal de la société serait un état où tous acquitteraient si bien leurs devoirs qu'il n'y aurait lieu à l'exercice d'aucun droit. Les droits ainsi naissent des devoirs, et non les devoirs des droits. Ils les ont pour sujet et pour régime. Sous tous les rapports, c'est le *droit au devoir.*

Le devoir en ce sens prime le droit et le gouverne. Il ne le prime pas moins en cet autre sens, que l'exercice de notre droit est, en bien des cas, facultatif, et que celui du devoir est toujours obligatoire. Aussi dit-on tous les jours : *C'est* PLUS *qu'un droit, c'est un devoir.*

On conçoit par là quelle force supérieure acquiert le *droit*, en s'appuyant sur le *devoir*. Loin d'en être appauvri, il s'en enrichit, surtout quand il s'agit de notre propre devoir ; il en contracte le caractère absolu, sacré, divin, identique à la conscience ; c'est le devoir armé de son droit, de tout temps terrible aux tyrans.

Ainsi entendus, devoirs et droits s'entre-croisent, peut-on dire, pour former comme la trame de toute société.

Mais il nous faut remonter plus haut pour en saisir les tenants et les aboutissants.

Ces choses-là nè sont pas *conventionnelles*, comme l'a prétendu l'absurde école révolutionnaire de Rousseau, d'où est sortie la *Convention*. L'homme ne s'est pas fait à lui-même des droits et des devoirs arbitraires qu'il puisse révolutionner à son gré. L'idée de devoir comporte celle de *responsabilité*, non-seulement civile, mais morale, et qui n'est civile en certain cas que parce que dans tous les cas elle est morale : morale, c'est-à-dire de for intérieur et supérieur. Nos divers devoirs sont pris de l'idée essentielle et absolue de ce qu'on appelle LE DEVOIR, dont nous sommes comptables devant une Justice qui domine cette société où nous le pratiquons, autant que le DEVOIR domine nos devoirs. — Il en est de même des droits. Nul homme n'aurait de soi droit sur un autre homme. L'idée de droits dans toutes ses applications humaines implique l'idée d'un droit supérieur, essentiel et éternel, du DROIT proprement dit, *Jus*, qui est comme le type de tous nos droits, et plus encore, qui en est la substance. C'est pourquoi, si primitive ou si perfectionnée que soit une société, son mécanisme a toujours comme ressort LE DROIT, sans lequel et contre lequel il ne saurait y avoir de *droits ;* et son fonctionnement trois institutions : la Religion, qui inspire la plus haute idée du Droit ; la Magistrature, qui le rend et qui l'applique ; l'Armée, qui l'exécute et le défend. Et il ne faudrait que faire remarquer l'antipathie de la Révolution contre ces trois institutions pour montrer à quel point elle se dénonce elle-même comme antisociale.

Mais c'est à la religion surtout qu'elle en veut, et à cet égard son instinct pervers ne la trompe pas.

Rappelant en effet ce que nous avons dit : que la société est un composé de devoirs et de droits corrélatifs ; puis, que les devoirs procèdent de l'idée générique de Devoir, et les droits de l'idée générique de Droit ; puis enfin, que le devoir implique l'idée absolue de responsabilité, et le droit l'idée absolue de règle, nous arrivons à cette grande et nécessaire vérité que le Droit, pris à sa plus haute et plus pure source, est ce juste et souverain droit que l'Auteur des natures morales a sur elles, leur communiquant son propre empire, à proportion qu'elles le reconnaissent elles-mêmes par le devoir envers lui, Dieu, de qui descend ainsi tout droit par participation, parce qu'à Lui remonte tout devoir par responsabilité ; Dieu, qui est le tenant du droit et l'aboutissant du devoir ; Dieu, qui tient, pour ainsi parler, dans sa main ces rênes du droit et du devoir qui, si flottantes qu'elles soient pour le jeu de notre liberté, et si secouées qu'elles puissent être par nos révoltes, sont ramenées au gré de sa providence pour le gouvernement supérieur des choses humaines et le maintien de l'ordre éternel.

Remarquons seulement qu'ici, à ce sommet divin des choses, le droit se relève en Dieu de cette dépendance où il est en nous du devoir, Dieu étant le droit même, générateur de tous nos devoirs, parce que nous lui sommes redevables de tout le bien qui entre dans nos existences; et qu'en ce sens, le droit est primordial, éternel, et de vive source.

Dieu, donc, est ainsi à la racine de toutes choses sociales. Il est le nœud d'attache de cette trame de devoirs et de droits dont sont faites nos sociétés. Il en est, au sens étymologique du mot, la *religion* (le reliement) d'où dérivent et s'alimentent toute notion et toute pratique de droits et de devoirs.— Toute société, peut-on dire, est de souche divine et religion.

Ajoutons, pour terminer, que c'est de là que provient également toute liberté : d'abord, parce qu'il n'y a pas de liberté sans la société, hors laquelle, sous le nom d'indépendance, on n'a que l'écrasement de l'individu réduit à sa propre faiblesse contre les forces de la nature et dans la lutte à mort avec ses semblables; ensuite, parce que, dans la société même, la liberté consiste pour l'homme dans l'assurance de son droit aux devoirs d'autrui, et surtout à l'accomplissement de son propre devoir, qui *délivre son âme* de ses responsabilités, et le fait grandir en mérite.

Tout ce que nous venons d'essayer de dire là est d'instinct et de pratique universels, et dès lors nécessairement vrai. Voilà cette *nature des choses* contre laquelle s'insurge la Révolution, en s'attaquant à Dieu qui l'a faite et à la religion dont elle est faite.

Et à quel Dieu encore? à quelle religion? Au Dieu *libérateur* du monde, qui n'a connu la liberté que du jour où il la lui a enfantée en expirant sur une croix; à ce Christianisme qui, comme le présentait si bien une héroïque femme à son aveugle époux, *est la grande liberté* (1).

Alors que tous les autres États, s'appuyant sur Dieu comme sur leur ferme base, portent sur leur blason national : *Dieu et mon Droit; — Dieu et la Liberté*, — la Révolution a le néfaste courage de rayer de celui de la France : *Dieu et Patrie.*

Mais elle n'y parviendra pas, si nous ne voulons être rayés nous-mêmes de la liste des nations.

1. Lettre de Lafayette sur la mort de sa femme.

VII

« Toute la question de ce siècle, » écrivait ces derniers jours, dans le *Correspondant*, une plume remarquablement sensée, « est de savoir si Dieu, « comme le veut l'école révolutionnaire, doit être « mis *en dehors des affaires humaines.* » Et elle résolvait aussitôt cette question par ce mot décisif « *Si Dieu n'y est pour rien, l'homme y est pour* « *tout* » ; mot dont elle développait ensuite ainsi la portée : « Mais l'homme, quoi qu'en dise, dans « sa niaiserie hypocrite Jean-Jacques Rousseau, « l'homme, ce sont des millions de volontés op- « posées les unes aux autres, aveugles, violentes, « égoïstes, incapables de se gouverner, et à plus « forte raison de gouverner autrui. *Si l'homme* « *n'a rien au-dessus de lui*, c'est le désordre, « c'est l'anarchie ; ou, si vous voulez, c'est la ty- « rannie aux mains de quelques-uns, l'oppression « pour tous les autres. Au contraire, *Dieu dans* « *les choses humaines*, c'est la loi du devoir en- « seignée à tous ; par conséquent, c'est l'ordre, « c'est la paix, c'est le respect mutuel, c'est la

« liberté... Ainsi, d'un côté, le dogme de Rousseau et de l'école révolutionnaire, avec les révolu-
« tions, les crimes, les meurtres et les ruines qu'il
« a amenés et qu'il amènera encore; de l'autre
« côté, le dogme de l'homme de bon sens, du
« chrétien, de l'Église et de son Pontife infaillible,
« cette doctrine de l'Église que l'on attaque avec
« d'autant plus de fureur qu'on a moins pris la
« peine de la connaître, ce dogme hors duquel il
« n'y a pas de devoir, par conséquent pas de fa-
« mille, pas de société, parce qu'*il n'y a pas de*
« *Dieu* : voilà entre quels termes le monde aura
« à choisir (1). »

Qu'il nous soit permis de nous autoriser de ce parfait langage, pour aborder une erreur de nos temps, inconsciente d'abord et même bien intentionnée, je le crois, chez plusieurs, mais qui, par là même plus subtile, s'est glissée chez les meilleurs, et se trouve avoir servi et pouvoir servir encore la cause de l'ennemi commun, ne serait-ce qu'en neutralisant une somme considérable de forces qui devraient être, à cette heure, au bon combat de la liberté contre la Révolution.

1. M. le comte de Champagny, *Correspondant* du 25 mars 1879. — C'est nous qui avons souligné ce qui l'est dans cette citation.

On comprend que j'entends parler de la thèse libérale de *Dieu tenu en dehors des affaires humaines*.

Tout d'abord, dégageons-la de la qnestion de personnes ; ou plutôt non : commençons par payer hautement à ceux qui sont plus ou moins devenus les patrons de cette doctrine, le tribut de justice et de reconnaissance publique qui leur est dû pour leurs glorieux services d'autrefois, en ce moment surtout où le sort de la France est suspendu à celui de cette *liberté de l'enseignement* qu'ils nous ont conquise par vingt et trente années d'éloquence, de courage, de sagesse et d'indomptable ardeur. Qu'ils soient bénis les grands noms de Lacordaire, de Montalembert, de Falloux, de Dupanloup, à qui nous devons déjà tant de générations chrétiennes qui sont aujourd'hui la bonne semence pour l'avenir ! Ne dilapidons pas notre héritage. Quoi qu'on ait dit, quoi qu'ils aient dit eux-mêmes, depuis, morts ou survivant, rien ne nous empêchera d'honorer et de garder leur mémoire.

Mais enfin, ils n'étaient pas infaillibles ; ils étaient même d'autant plus faillibles qu'ils étaient plus éminents, et qu'ayant rendu de plus signalés services, ils ont été plus exposés à l'illusion d'abord, à la tentation ensuite, et, s'il faut le dire, à la faute de croire qu'ils pouvaient disposer en quelque sorte de la vérité : il est si difficile de ne pas s'approprier le bien qu'on fait et de ne pas en faire son bien ! Ce n'est pas nous, du moins, qui en avons fait comparativement si peu, qui leur jetterons la pierre.

Cela dit, et la question de personnes ainsi dégagée, attachons-nous à l'erreur libérale en elle-même.

Eh bien, oui, on ne peut le nier, et on ne doit pas laisser subsister aujourd'hui la racine, si recouverte qu'elle soit, de cette funeste erreur, dérivation collatérale de l'idée révolutionnaire, comme le jansénisme du calvinisme, il en est, d'entre les chrétiens, qui font profession de réduire la loi divine, l'autorité obligatoire de Jésus-Christ, de son Évangile et de son Église, à la conscience privée dans ses rapport exclusifs avec l'autre vie, mais qui déclinent cette divine autorité en ce qui regarde les affaires publiques et la part d'action que la conscience privée elle-même y prend. C'est la thèse libérale de l'*État sans Dieu*.

Abstraction faite de toute diversité de croyances, et à ne prendre la religion que comme principe commun à toutes, cette doctrine de section en deux de la conscience humaine, et de sa réduction, en ce qui touche la religion, à l'individualisme, laissant les sociétés en tant que sociétés, les États en tant qu'États, se mouvoir dans leur sphère temporelle et officielle, sans croyance, sans doctrine, sans culte avoué, sans responsabilité de cet ordre, sous le faux nom de *liberté de conscience*, c'est-à-dire de pleine liberté de négation, à divers degrés, jusqu'à l'absolu, de ce qui doit le plus lier et relier les consciences ; cette doctrine, disons-nous, non pas soufferte hypothétiquement, mais érigée en thèse, revendiquée comme la conquête et poursuivie comme l'idéal de la *société moderne*, ne se soutient ni devant le bon sens, ni devant la conscience, ni devant l'expérience, ni devant la pratique universelle du genre humain, dont elle est le plus grand écart. C'est la dissolution sociale à l'état latent et endémique, amassant des matériaux de désordre qui ne peuvent manquer de la faire passer périodiquement à l'état aigu. Tel est le sort d'un État sans religion.

Mais que dire de cette doctrine dans une nation gratifiée d'une manière insigne, entre toutes, non d'une religion quelconque, mais de la Religion même, véritable et intégrale, à laquelle elle doit sa formation, son existence, sa grandeur et son honneur, qui est catholique ou qui n'est pas ? Que dire de la profession de cette doctrine, non par des mahométans et des infidèles, intéressés à s'introduire à sa faveur, mais par des catholiques marquants ; et de sa juxtaposition, de son équation même à leur foi, tenant celle-ci en échec public, alors qu'elle a pour elle la presque unanimité de la nation : et cela uniquement pour ne pas faire ombrage, non aux dissidents de religion, mais à une poignée de libres-penseurs et d'athées?

Nous n'en dirons qu'une chose qui, aujourd'hui, est manifeste : c'est que, bien plus illogique que la thèse révolutionnaire positive de l'État sans Dieu, elle lui fournit cruellement la répartie.

Que des hommes sans Dieu veuillent l'État sans Dieu, cela se comprend ; mais il se comprend plus encore qu'ils le veuillent et le puissent faire dans un état déjà démantelé de Dieu, par les serviteurs mêmes de Dieu leur livrant la place : ils n'ont qu'à prendre acte du principe commun et à tirer les conséquences.

Les catholiques libéraux, c'est là leur excuse originelle, en empruntant à la Révolution son principe de négation de toute religion pour l'État, se sont proposé la plus grande liberté de religion pour les particuliers. Mais qu'était-il besoin d'un tel principe pour revendiquer cette liberté, comme si on avait à en payer la rançon ? N'est-elle pas de droit commun, et de droit commun chrétien ? N'est-ce pas notre foi qui en a doté le monde, et sa rançon ne remonte-t-elle pas au Calvaire ? Bien plus, la Révolution a-t-elle jamais fait autre chose que la confisquer sous son enseigne ? Qu'on tire argument de cette enseigne même, passe encore, mais à titre subsidiaire seulement, et sans pour cela épouser la Révolution jusqu'à prendre fait et cause pour elle. En vérité, c'est être par trop libéral, pour ne pas dire dupe ; ce qui a lieu d'ordinaire quand, pour sortir des retranchements, on s'expose à être pris par l'ennemi, et quel ennemi ! On a beau dire, on ne transige pas avec Satan, puisque Satan il y a, dût-on ne pas avoir son vote, toujours funeste, et on ne désempare pas la vérité, toujours finalement victorieuse.

Et, ici encore, nous sommes heureux de rendre un juste hommage aux conquérants et aux fondateurs de la liberté d'enseignement, qui n'aurait pas eu cette assiette et cette portée, aujourd'hui notre force, si on l'avait payée à ce prix. Montalembert, ce parfait croisé de la liberté, comme Lacordaire fut le tribun de la foi, est resté vingt ans à en faire le siége, avec une foi en elle qu'aucun insuccès n'amenait à composition : c'est là sa gloire, comme ce fut à la fin son triomphe. Mais aussi avait-il bien dégagé son terrain et gardé ses communications avec la citadelle de la vérité, jusqu'à en avoir un brevet d'orthodoxie. « On « nous oppose, disait-il, dans une de ces joutes « mémorables, l'ancien régime d'une part, et la « Révolution de l'autre... Eh bien, je crois qu'en« tre l'un et l'autre il y a une chose, c'est la li« berté ! Nous vous demandons *de ne sanction« ner ni l'absolutisme ni la révolution*, mais « la liberté (1). »

La Providence, ce grand facteur trop négligé dans les calculs de la politique, et qui est au fond

1. Séance de la Chambre des pairs, du 9 mai 1844.

la logique des choses à haute portée, fit crouler en un jour le régime sourd à cette grande voix. Et alors, que vit-on ? Les adversaires mêmes de la liberté d'enseignement venir lui demander un abri contre la démagogie et le socialisme. A ce grand moment, ce fut la gloire de M. de Falloux de savoir si bien accueillir, sans s'y méprendre, ces bénéficiaires intéressés de la victoire, et de les faire servir à la consommer en l'instituant. Avec quelle sagesse, quelle réserve, quel désintéressement, quel tact parfait de véritable homme d'État, où la fidélité catholique n'eut rien à reprendre, et qui valurent à son œuvre les bénédictions de la plus haute et plus sainte main qui soit sur la terre ! on le sait, mais il est bon et fortifiant aujourd'hui de le rappeler.

Dans cette phase critique de son enfantement, pas plus que dans celle de sa longue gestation, la liberté d'enseignement ne paya aucun tribut à la Révolution. Les principes de 89 avaient cependant d'éminents champions dans cette mémorable Commission de 1849 où elle prit naissance. Mais, pour ce qui est de l'instruction primaire d'abord, eux-mêmes, M. Thiers surtout, les sacrifiaient à la nécessité sociale qui s'imposait alors comme aujourd'hui, d'arracher les campagnes à la démagogie. Sur le terrain de l'instruction secondaire, ils les relevèrent énergiquement, il est vrai; mais, là encore, ces principes finirent par fléchir sous la parole magistralement persuasive et convaincante de l'abbé Dupanloup, pour donner passage à ce qui ne devait être toujours *ni la sanction de l'absolutisme, ni la sanction de la Révolution*, *mais la liberté*, la liberté générale de droit commun chrétien, de droit primordial du père de famille en particulier, dont l'illustre abbé, parlant déjà en Evêque, disait si éloquemment: « Le père est auteur, *auctor est :* « c'est le fait irrévocable qui fonde son *autorité.* « Or, on n'est réellement père que par l'éduca« tion de son fils; sans cela, on n'est qu'un ou« vrier misérable d'un moment plus misérable « encore. Donc, honte et mépris, comme au der« nier des êtres, à ces pères qui viendraient dire « à l'État : Prenez nos enfants, nous ne nous en « mêlons pas! Honte et mépris, comme au der« nier des États, à l'État qui accepterait une offre « pareille! » — Qu'est-ce donc à l'État qui extorquerait l'enfant au père le plus digne de ce titre par le souci de son éducation?

Revenant plus tard sur ces séances incomparables, qui n'eurent alors pour spectateurs que ceux qui y prirent part, et dont les échos nous reviennent aujourd'hui seulement avec une ironique opportunité, l'illustre prélat avait donc bien raison d'écrire : « S''il nous fut donné de voir enfin la liberté prévaloir, ce ne fut pas seulement parce que la justice et la raison combattaient pour nous; mais aussi grâce au principe religieux et social qui planait sur ces discussions. »

Sans cela nous n'aurions pas eu la liberté de l'enseignement, comme sans cela nous ne pouvons que la perdre. C'est ce qu'il faut achever de voir.

VIII

Ouvrons ici une parenthèse pour dégager ce que nous avons dit jusqu'ici et ce qui nous reste à dire encore, d'un préjugé des plus spécieux, qui a engendré et qui alimente encore la thèse libérale de l'État sans Dieu.

Je veux parler de la défiance restée dans les esprits de ce qu'on appela, sous la Restauration, *l'alliance du trône et de l'autel.*

Admettons d'abord que ce précédent ait été malheureux; sauf à voir en quoi il l'aurait été : est-ce que la Révolution a été plus heureuse et nous a donné de plus beaux jours ? Je n'ai plus besoin d'évoquer ses dates funestes : il me suffit de l'heure où nous sommes et de celles où nous entrons. Est-ce à dire finalement que le genre humain, en principe, se soit universellement trompé, et que la nature des choses puisse être abolie sur ce principe de la religion nécessaire aux sociétés et aux Etats, parce que, à un temps donné, il en aurait été fait un imparfait usage ? On dirait vraiment que nous avons la faculté du choix de vivre sans ou avec Dieu ! Heureusement qu'il n'en est rien, et qu'en cela comme en bien d'autres points nous ne sommes pas admis au conseil de l'Auteur des choses.

Cela dit d'une manière générale, sans vouloir faire ici de politique proprement dite, je ferai seulement remarquer que d'autres en font pour moi, et que notre temps se distingue précisément par les études les plus consciencieuses et les plus approfondies sur la Révolution, d'une part, et sur la Restauration, de l'autre, comme sur les deux pôles négatif et positif de nos destinées. Je m'en rapporte à ces travaux qu'on ne saurait trop consulter, comme, après avoir déblayé des décombres, on consulte le sol pour savoir quel est le plus résistant et le plus propice. Que devient alors, aux yeux de l'observateur, *la légende révolutionnaire*, d'une part, et *la comédie de quinze ans*, de l'autre? J'aurais trop à dire en faveur de la Restauration; ou plutôt sa cause n'a pas besoin d'être plaidée.

Mais enfin, abstraction faite ici de tout régime politique spécial, et prenant la question à ce haut point de savoir si un gouvernement quelconque, République ou Monarchie, peut se passer de religion, autrement dit, doit périr, parce que la Restauration aurait eu, à cet égard, la main malheureuse : je réponds que non. J'ajoute aussitôt que, de tous les régimes, celui qui devrait le plus refaire l'expérience, comme ayant le plus besoin de religion; celui, par conséquent, qui devrait le moins jeter la pierre à la Restauration, sur cette question de principe, c'est... la République.

Mais enfin, arrivons au fait :

Distingnons-y deux choses : le principe et le mode de son application.

Le principe? la Restauration en a l'honneur.

— Le mode de son application? La question est en elle-même très-complexe. Elle tient à des temps, à des situations, à des hostilités, à des préjugés qui ne sont plus et sur lesquels il serait trop long de revenir, autant que cela serait inutile pour tout gouvernement aujourd'hui, y compris la Monarchie elle-même, qui certainement ne serait pas la dernière à profiter de sa propre expérience.

Mais, tout considéré, oui, la Restauration, selon nous, a commis à cet égard une faute; et cette faute se réduit, selon le mot très-judicieux de M. de Villèle à cette époque, à *avoir mis la cérémonie avant l'idée* : ce qu'elle ne serait assurément pas tentée de faire aujourd'hui, où l'idée elle-même aurait à revenir de si loin.

Ajoutons, pour ne pas ménager le procès à la Restauration, que son tort peut-être aussi fut d'avoir, non rattaché l'État à Dieu, le trône à l'autel, ce qui doit être de tout régime qui a la prétention de vivre; mais d'avoir voulu rattacher trop réciproquement, à l'instar de Louis XIV, Dieu à l'État et l'autel au trône, ce qui était un contre-sens au regard du catholicisme, qui ne saurait être solidaire d'aucun État ni d'aucun régime, parce qu'il les embrasse tous sur la terre. Mais, ce qu'il faut dire tout aussitôt, c'est que ce fut là moins un système imputable au régime même de la Restauration qu'un résultat de la situation à elle faite, et quotidiennement entretenue par la Révolution, qui, la première, n'avait que trop allié l'autel au trône dans leur commune proscription. La faute et l'excuse tout à la fois de la Restauration fut d'avoir pris, de tout point, le contrepied de l'ennemi, et de lui avoir donné la prise qu'il cherchait, qu'il s'était faite à lui-même.

Cela ne fait pas, après tout, que sous tous les rapports, de la richesse nationale, de l'honneur européen, de la gloire parlementaire, de la justice et du succès de nos armes, des arts et des lettres, de la prospérité générale, des libertés publiques, la Restauration n'ait été, non-seulement *minima in malis*, mais *miranda in bonis*.— Sur le point notamment qui a le plus droit de nous toucher, et auquel nous mesurons le plus la valeur comparative de nos gouvernements depuis la Révolution, M. le baron Cuvier avait bien raison de dire à la tribune nationale : « C'est un spectacle bien digne d'attention et qui prouve à quel point tout est changé parmi nous, que celui d'un gouvernement qui effectuant ses promesses, veut donner à son peuple une liberté plus grande que celle qu'il a promise ; » et à propos des lois qui témoignaient de cette vérité, M. Charles de Lacombe de faire aussi cette juste réflexion : « C'est une des gloires de la Restauration que de pareilles lois aient pu être conçues sous son règne et qu'il n'ait jamais été donné à ses détracteurs, non-seulement de les étendre, mais de les appliquer dans leur intégrité (1). »

Cela dit, uniquemeut pour montrer que l'idée de Dieu dans l'État, même défectueusement entendue, n'a pas laissé de doter la France de ses plus beaux jours de prospérité et de liberté, il faut bien qu'elle revienne, cette grande et nécessaire idée, comme l'âme même du corps social; il faut qu'elle réinspire les mœurs, les lois, les institutions, et qu'elle en expulse l'anarchie par l'autorité, la force par le droit, le chaos par l'ordre, la tyrannie de la licence par le règne de la liberté. Il faut que la France se relève de sa déchéance et qu'elle envie le sort de ses rivales qui n'ont pas abjuré l'intérêt et l'honneur de ces grandes paroles que lord Erskine disait de sa nation : « Le sentiment reli-

1. *Correspondant* du 25 mars 1879, p. 1487.

gieux et moral du peuple anglais est l'ancre de salut qui fait maintenir l'État au milieu des tempêtes qui agitent aujourd'hui le monde... Je n'ai pas d'objection à la controverse la plus étendue et la plus libre sur tous les points fondamentaux de la religion chrétienne..... Je ne redoute pas un livre de raisonnement, mais je ne saurais souffrir un livre d'outrage. »

Voilà surtout ce qu'il faudrait entendre aujourd'hui par *Religion d'État*, se développant et se précisant à mesure que la nation en serait elle-même régénérée : chose pas si difficile qu'on ne le croit.

Ce qui n'est pas difficile, non, mais tout simplement impossible, c'est l'État sans Dieu. — Plus impossible encore comme l'entend le libéralisme que comme l'entend la Révolution.

Comme l'entend le libéralisme, ce serait impossible de soi. L'État sans base et sans clef de voûte, c'est la quadrature du cercle. Aussi cela ne s'est jamais vu.

La Révolution, plus logique, ne s'est jamais arrêtée à cette chimère. Dieu ne souffre pas le néant. Qui veut l'y réduire y tombe, et l'abîme appelle l'abîme. L'athéisme privé est un mystère ;

mais l'athéisme social est contraire aux lois physiques, peut-on dire, de la nature morale, qui, elle, a bien réellement *horreur du vide.*

Il n'est pas exact, en effet, que la Révolution soit athée. Comme l'a très-justement dogmatisée Proudhon, elle est *antithée*, ou comme l'a stigmatisée de Maistre, *satanique:* tous deux, quoique aux antipodes, d'accord sur ce point. Nul n'est moins athée que Satan, ce *révolutionnaire malheureux* dont M. Renan a entrepris de nos jours la *réhabilitation*, et qui n'est Satan que pour avoir voulu et vouloir précisément être Dieu. Aussi la Révolution ne s'est-elle pas arrêtée une minute à l'État sans Dieu. Elle pousse et elle est poussée du même mouvement à l'*État-Dieu.* Sauf le décorum du culte, elle nous ramènerait à *Sa Divinité* Claude ou Néron, à une ou mille têtes. — Encore ne s'y arrête-t-elle pas comme le paganisme. Se produisant en plein christianisme, face à face avec Dieu même dans son règne incarné, son Église et ses institutions, elle devient forcément l'*État-contre-Dieu.*

État-sans-Dieu; État-Dieu; État-contre-Dieu. — Voilà fatalement logique, d'assaut en assaut et de chute en chute, le cercle dantesque de la Révolution. C'est infernal, mais c'est logique, le principe étant accordé, et contre ceux qui l'accordent.

Que peuvent devenir, en effet, dans cet engrenage, je le demande, ces libertés et tolérances de conscience et de religion pour lesquelles le libéralisme sacrifie à l'État sans Dieu ?

Ce que nous ne faisons que commencer à voir à cette heure.

IX

Tout ce que nous avons dit jusqu'ici se tient, pensons-nous, étroitement, et n'aurait pas besoin de confirmation plus immédiate pour qui voudrait juger de l'avenir par le passé.

Mais quelle force ne reçoit-il pas du présent, alors que nous sommes en proie à l'expérience la plus confirmative de tous ces caractères de la Révolution ramassés dans un seul coup, le plus hardi et le plus fatal qu'elle puisse porter à une société, après l'avoir tant épuisée.

Si jamais la Révolution s'est dénoncée elle-même, telle que nous l'avons décrite par voie d'histoire et de témoignage, autant que de principe et de raisonnement, c'est bien en effet à l'heure où nous sommes,

Ce que nous avons dit, notamment, des éléments primordiaux et constitutifs de toute société, et plus particulièrement de la société moderne : les droits, les libertés, l'esprit de réforme et de progrès, le large et pacifique développement de l'activité humaine, comme liés à la place qui y est faite à Dieu, reçoit à l'instant de la Révolution une démonstration *à contrario* des plus saisissantes et des plus palpables.

Quel ne serait pas son intérêt de nous assurer ces biens, à en juger par tout ce qu'elle dit de sa plus grosse voix pour nous persuader que nous les lui devons et que sans elle nous reviendrions à toutes les oppressions d'il y a plusieurs siècles?

Quelle situation, d'autre part, plus favorable à nous en convaincre, en nous en faisant jouir, que celle où elle se trouve en ce moment ; maîtresse qu'elle est du pouvoir comme elle ne l'a jamais encore été ; sans conteste, sans révolution, sans réaction, constitutionnellement, légalement, de plain-pied, s'étant fait à elle-même place nette pour y élargir sa majorité, on peut dire même pour amener la généralité à se rallier à son gouvernement, de guerre lasse?

Oui, si la Révolution n'était pas, selon sa propre définition, *antithée*, la guerre à Dieu; si, pour atteindre à Dieu, on pouvait ne pas passer à travers tous les biens sociaux, et sur le corps même de la société dont il est le souverain principe.

Elle s'y perd sans doute; son sort est écrit d'avance : car *qui est comme Dieu?* Mais, d'une part, c'est le sort fatal de sa nature réprouvée de se perdre; et puis, elle y trouve la seule revanche digne d'elle qu'elle puisse prendre contre Dieu, qui est, ne pouvant l'atteindre dans son règne supérieur, ni dans celui de son Église, contre laquelle les assauts du mal n'ont jamais pu et ne pourront jamais prévaloir, de s'abattre sur un de ses plus beaux ouvrages, sur cette France qui est sa chevalière dans le monde, mais qui, à raison même de tous les grands dons qui lui ont été faits, ne saurait être exemptée de la responsabilité de son destin.

Au moins est-il que ce n'est pas la clarté de l'expérience qui nous aura manqué.

Que voyons-nous en effet à cette heure ? Dans cette situation unique que nous venons de constater, et où elle n'a qu'à jouir de son insigne fortune, en nous laissant refaire la nôtre, la Révolution, obéissant toujours à sa sinistre nature, ne se contente pas du *plus beau royaume après celui du ciel* ; du royaume de Charlemagne, de saint Louis, d'Henri IV et de Louis XIV. Elle, de si basse extraction et de si pauvre figure, elle vise plus haut : elle pousse jusqu'à Dieu ; le Très-Haut lui fait ombrage ; et elle estime n'avoir rien acquis tant qu'elle n'aura pas aboli son règne ; car acquérir pour elle n'est jamais qu'abolir. Elle s'attaque donc à Dieu. Mais voyez tout aussitôt la preuve de ce que nous avons dit : en s'attaquant à Dieu, elle attaque, du même coup, la société tout entière, jusqu'à ses plus intimes profondeurs. Et cela à froid, sans provocation, sans motif, sans excuse, sans rien de ce qui précédemment avait pu lui être un prétexte ou un entraînement. Elle arrive un jour, ayant beaucoup à se faire pardonner, beaucoup à justifier, avec les mots d'affranchissement, de progrès, de civilisation, de pacification à la bouche ; et ce jour-là même, pour employer une locution digne de la chose, elle se fait prendre la main dans le sac de nos libertés, de nos droits, de nos biens, de nos intérêts les plus vitaux et les plus sacrés.

Elle n'a rien de plus pressé, toutes nos affaires renvoyées, que de réagir contre cinquante ans de lutte et trente ans de conquêtes concernant la plus foncière, la plus éprouvée et la plus justifiée par ses principes et par ses résultats, la plus acquise et la mieux assise de toutes nos libertés : celle, peut-on dire, qui, en elle-même ou par son exercice, comprend ou met en jeu toutes les autres. D'un trait de plume elle efface un siècle. Elle va chercher par-delà 89 les chaînes de nos servitudes. Elle se fait de l'ancien régime, et du plus mauvais ancien régime, moins encore ce qui lui restait de bon, n'y prenant que le mal pour le porter à son comble. Dans un seul projet de loi, elle entasse tout ce que la première révolution n'avait osé que par atteintes successives ; elle procède par hécatombe, comme un malfaiteur de nuit qui, d'un seul coup de main, fait rafle de tout ce qu'il peut emporter. Elle déchaîne les tempêtes et sème les alarmes dans cette malheureuse société qui a tant besoin d'apaisement.

Si elle parvient à ses fins, on ne sait de quels

droits et de quelles libertés la France ne sera pas dépouillée : liberté d'enseignement primaire, secondaire et supérieur ; liberté de conscience et de religion ; droit naturel des pères et des mères inhérent à leur conscience et à leurs entrailles ; foi publique dans la garantie des lois; droits acquis, fortunes et existences engagées, droit commun d'association, flétrissure et proscription infligées à qui a le plus droit à la vénération et à la reconnaissance privées et publiques : tout cela d'un coup de filet.

Ce qui n'a pu même entrer dans le dispositif est projeté dans les motifs avec une portée effrayante. Cet article 7, par exemple, qui restera comme un monument d'astuce cousue à l'audace, et qui par ce procédé seul aurait révolté le caractère national, non-seulement se trouve interdire les congrégations religieuses à tous les degrés d'enseignement, étant glissé à propos d'un seul ; mais son considérant, glissé lui-même dans l'exposé du projet, cette imputation d'*appartenir à l'étranger*, est d'une élasticité d'injure et de proscription qui peut s'étendre à tout l'épiscopat, à tout le clergé, à tous les fidèles, à tous ceux qui n'ont pas apostasié la foi catholique, ce qui, d'après le dernier recensement, comprend une *congrégation*, aussi bien, de trente millions de consciences : la nation même hors la loi.

C'est insensé, direz-vous : d'accord ; mais croyez bien que cela ne passe pas la haine de la Révolution ; et croyez bien aussi que cela peut redevenir réalisable. A l'heure présente déjà, qui dit catholique ne dit-il pas clérical ? et qui dit clérical ne dit-il pas suspect, déchu des fonctions publiques, traqué dans chaque localité, livré à la malveillance et à la calomnie ? Laissez prendre pied à la Révolution, et la faiblesse des caractères, plus grande à notre époque que jamais, aidant, la France entière passera sous le joug d'une minorité de malfaiteurs sociaux.

Mais ce qu'il faut voir dans cette machine de guerre, plus encore que ses grossiers procédés et que les odieux ravages qu'elle fait dans le champ public du droit et de la liberté, c'est le but direct et le résultat immédiat que s'y propose ouvertement la Révolution : extirper toute religion de l'enfance et de la jeunesse, et, non-seulement nous enlever nos fils, mais les élever contre nous. C'est là ce qui donne aujourd'hui à cette question de la liberté de l'enseignement une portée effroyable qui n'avait pas paru autant jusqu'à ce jour, et en fait vraiment *la question française*, de laquelle nul ne peut se désintéresser ; car nos fils ne sont pas seulement nos fils : ils sont les fils et l'avenir de la France, qui sera ce qu'ils seront.

Un mot d'explication à cet égard.

X

Il en est peut-être qui s'étonnent, à part eux, de tout le bruit qui se fait sur cette liberté de l'enseignement, très-importante sans doute, mais en définitive spéciale, et qui n'est pas, à leurs yeux, si absolument fondamentale, que la France n'ait pu traverser plusieurs régimes sans en jouir.

Ils vont voir, au contraire, que, non-seulement ce bruit, ce cri général et national, peut-on dire, de la conscience publique, par delà ceux qui font profession pratique de religion, est justifié par l'instinct d'un grand péril, mais que, s'il faut s'étonner d'une chose, c'est qu'il ne soit pas plus formidable.

Oui, la France a pu traverser plusieurs régimes sans la liberté d'enseignement ; et il n'en est pas moins vrai que le retrait de cette liberté, à cette heure, ferait à la France une situation qui ne s'est jamais vue dans l'histoire d'aucun peuple, et, pour ne parler que de nous, d'aucun des régimes que nous avons traversés.

Bornons-nous, à cause de la brièveté de cet écrit, à quelques jalons historiques.

Ne parlons pas de l'ancien régime : la liberté de l'enseignement y a foisonné partout en ces nombreuses et puissantes institutions auxquelles la France a dû toutes ses anciennes grandeurs et ses gloires.

Ne parlons pas de la Révolution : dans le naufrage général de la nation, aucune institution quelconque d'enseignement, pas plus de monopole que de liberté, ne put y prendre pied, et il y eut vacance de lumières.

Ne parlons pas du premier Empire : le monopole de l'enseignement y fut racheté par une condition qui, bien remplie, comme elle le fut en partie, serait le but même de sa liberté. Cette condition est celle-ci : Article 38 du décret d'organisation de l'Université de l'État : *La foi ca-*

tholique sera la base fondamentale de tout établissement d'instruction.

Ne parlons pas de la Restauration : cette condition fut remplie jusqu'à ce qu'on a pu appeler abusivement le règne de la *congrégation.*

Ne parlons pas du second Empire : la liberté de l'enseignement primaire et secondaire fondée sur la loi de 1850 y a fleuri, sans que les caprices ni les préjugés traditionnels du pouvoir impérial, il faut lui rendre cette justice, y aient porté atteinte.

Que reste-t-il donc ? Le régime de Juillet. Eh bien, sous ce régime, une chose, peut-on dire, tint encore provisoirement lieu de la liberté d'enseignement : l'agitation et l'enfantement de cette grande liberté conçue dans la Charte de 1830, comme elle l'avait été dans celle de 1814. On sait, en effet, que ce fut là l'épine de ce régime, qui entra dans les causes de sa fin, et que, pour conjurer les réclamations incessantes qui furent le tourment de son existence, il dut, autant qu'il le pouvait, amoindrir, en fait, les griefs d'un monopole qui n'offrait plus, en principe, la garantie officielle d'avoir *la foi catholique pour base fondamentale de son établissement.* Et il était toujours intéressé à se faire ainsi pardonner ses refus de la liberté d'enseignement, par ce dilemme inexorable dans lequel on l'enserrait : « De deux choses l'une : ou il faut que l'article 38 du décret de 1808 soit rétabli avec toutes ses conséquences, et il ne sera plus permis aux maîtres officiels de la science d'y mêler le venin de l'incrédulité et de l'erreur ; ou il faut qu'en vertu de l'article 69 de la Charte la liberté d'enseignement soit accordée avec toutes les siennes, et des hommes de foi prépareront de leur côté l'antidote. Il y aura lutte entre le bien et le mal. Les pères de famille choisiront. Cela vaudra mieux que le régime sous lequel nous vivons et qui peut se traduire par ces trois mots : *Liberté pour l'Université, servitude pour les autres, et nécessité de mourir pour tous* (1) ».

Et il n'y avait pas que les évêques et que les catholiques de foi qui tinssent ce langage, tout le parti libéral avancé s'en faisait une arme sincère

1. *Mémoire adressé au roi, en 1844, par l'archevêque de Paris et les évêques de la province.* — C'est bien à cette heure que ces *trois mots* sont inscrits de la main du Dieu-État, en tête de son régime, comme le MANE, THECEL, PHARES de la société française. Mais espérons que ce sera le sien et celui de la Révolution.

ou occasionnelle d'opposition à un gouvernement qui, de tous côtés, prêtait ainsi le flanc à cette vérité, dont l'intérêt de parti n'affaiblit pas la portée : « Y a-t-il, disait Ledru-Rollin, une souffrance plus grande pour l'individu que l'oppression de sa conscience, que la déportation « de ses fils dans des écoles qu'il regarde comme « des lieux de perdition, que cette conscription de « l'enfance traînée violemment dans un camp « ennemi et pour servir à l'ennemi ? »

Reprenons cette parole qui va mieux dans notre bouche, pour l'adresser aujourd'hui à la Révolution, qui la mérite plus que le gouvernement d'alors, avec la force qu'elle emprunte des lèvres de l'un des siens.

Concluons de ce rapide historique, que l'importance de la liberté de l'enseignement a toujours été en raison de la licence de l'enseignement officiel; et que, par conséquent, elle est à son comble, aujourd'hui que la Révolution déclare ouvertement vouloir faire de nos fils des renégats et des athées.

Considérons cette liberté, non-seulement comme la dernière sauvegarde de nos intérêts de famille les plus sacrés et les plus chers, mais comme les Thermopyles de l'ordre social, que nous ne pourrions laisser forcer sans livrer passage à la Révolution, qui en est la ruine.

Quelle résolution, quelle conduite une telle situation doit-elle nous inspirer ? C'est à le montrer que nous allons appliquer les deux derniers, mais importants paragraphes de cet écrit.

XI

La résolution qu'il nous faut prendre d'abord, c'est d'en finir avec la Révolution. Je dis bien : ce n'est pas seulement de repousser tel ou tel projet de loi ; mais, profitant de l'avantage que nous donnent sur elle l'ensemble et la marche de sa conduite à cette heure, d'en finir avec la Révolution même.

On nous a trop dit, et nous nous sommes trop laissé persuader que la Révolution était irrésistible; qu'on pouvait peut-être l'endiguer, mais qu'on ne fait pas remonter les fleuves vers leur source. — C'est là une erreur qui a pu être sincère en d'autres temps, mais qui, aujourd'hui, ne pourrait plus s'affirmer avec cette assurance que donne la bonne foi dans l'erreur même. — Et pourquoi ?

— Parce qu'elle n'a été qu'un composé d'équivoques et de confusions aujourd'hui dissipées: confusion de la Révolution avec les réformes de 89; confusion de la Révolution avec telle ou telle forme politique de gouvernement; confusion de la Révolution avec la démocratie; confusion enfin de la Révolution avec le vrai de ce mirage de *société moderne* dont elle nous leurre toujours pour nous ramener à la servitude antique.

Nous avons composé ce simple écrit pour dissiper toutes ces confusions, en montrant que la Révolution en elle-même n'est rien de cela, et que cela est radicalement incompatible avec ce qu'elle est: antireligieuse et antisociale au premier chef, de sa nature, par ses pratiques et dans toutes ses fins.

S'il en est ainsi, dira-t-on encore qu'il faut en prendre son parti, et que ce qui doit reculer, ce n'est pas la Révolution, mais la société, mais la nature des choses, mais le christianisme et Dieu?

Or, qu'il en soit ainsi, ce n'est plus affaire de raisonnement ni d'observation, cela éclate de partout. La Révolution elle-même dévore toutes les équivoques dont elle avait jusqu'ici vécu; elle les retire à ses alliés ou à ses dupes; et ce qu'elle se montre à cette heure projette sur tout son passé une lueur qui la fait reconnaître pour ce qu'elle fut toujours.

Elle en agit ainsi parce qu'elle se croit arrivée. Elle est arrivée, en effet, à son capitole : reste à savoir si elle n'est pas arrivée aussi à sa roche tarpeïenne.

C'est le sort de l'erreur de ne naître et de ne vivre que de semblants de vérité, et que, forcée par sa fin mauvaise, à mesure qu'elle en approche, de les dépouiller pour atteindre cette fin, qui en est l'exclusion par le fait même, de périr, en y touchant, dans le crédit public qu'elle n'avait obtenu que par ses séductions mensongères.

Il y a là un moment extrême pour elle, mais extrême aussi pour ceux qui ont intérêt à la conjurer. Cela dépend, de part et d'autre, de la promptitude et de l'à-propos. Telle est l'heure où nous sommes à l'égard de la Révolution.

A cette heure, en effet, plus d'équivoque ; nous n'avons affaire qu'à son cynisme et à son audace: il dépend de nous qu'elle en meure, et que l'épreuve soit plutôt fatale à elle qu'à nous, à moins que ce ne soit à elle et à nous à la fois ; car entre la Révolution et la société, pour peu que nous perdions de terrain, c'est comme une lutte à mort au bord d'un précipice.

Mais non, elle joue sa dernière partie; et si elle la perd, ce qu'il y a lieu d'espérer, elle ne s'en relèvera jamais.

Elle a vécu en effet jusqu'à nos jours de quatre principaux artifices : sa légende; — le spectre de l'ancien régime; — ses défaites; — ses programmes.

Elle a vécu d'abord sur sa légende de 89 et même de 93, qui, de loin, n'apparaissait pas sans grandeur imaginaire : grandeur de fautes et grandeur de crimes sans doute; mais enfin grandeur de mouvement, de folle illusion, d'enthousiasme égaré; puis, grandeur de choses et de têtes abattues, et, peut-on dire, de sort tragique des démolisseurs et des bourreaux. Il y avait là comme une épopée gigantesque, que des plumes coupables ou fantaisistes ont trop fait prendre au sérieux à des imaginations disposées à s'enflammer. — Aujourd'hui que reste-t-il de tout cela ? Lisez M. Taine; portez les yeux sur les figures de la Révolution à cette heure; ne les détournez pas du charnier de la Commune et de ses sinistres histrions dont le retour ne fera pas des héros : voilà le *caput mortuum* de la Révolution, capable de tuer jusqu'à l'imagination même, et qui permet de douter qu'il y ait là, pour l'avenir, matière à légende.

La Révolution a encore vécu du spectre de l'ancien régime, de la dîme, de la corvée, du droit du seigneur, etc., etc. ; mais, franchement, elle en a par trop abusé, en l'agitant à outrance, jusqu'à en abrutir les esprits. — A cet égard encore, il est permis de dire qu'elle a épuisé ses dernières munitions.

Elle a vécu aussi, disions-nous, de ses défaites. Battue en effet chaque fois qu'elle a voulu prendre le pouvoir d'assaut, elle se retrempait autant de fois dans l'intérêt qui s'attache toujours, en France, aux causes vaincues, dans le prétexte d'avoir été empêchée de faire notre bonheur, et surtout dans l'opposition aux régimes qui, retenant plus ou moins ses principes, lui fournissaient la réplique. — Cette fois-ci, elle est au pouvoir, elle est le pouvoir, sans révolution, politiquement, constitutionnellement, sans réaction du passé, sans conspiration de l'avenir ; pour tout dire, de la main même des conservateurs, qui ont eu la perfidie à son égard, ou la témérité au nôtre, de l'y mettre. — Que *les difficultés* aient commencé pour elle, dès lors, il a été naïf de sa part de le dire. Mais ce qu'il faut bien constater, c'est que, en tous cas, ce ne sont pas des difficultés venant du dehors; que ce n'est pas nous, ni personne d'aucun parti, qui faisons de l'opposition à son gouvernement et qui visons à le renverser. Outre la conscience, il y a trop ou trop peu de raisons maintenant pour cela. Elle y est donc bien et dûment installée, comme elle s'y installe et s'y étale en effet. — Eh bien, ce sera là sa suprême épreuve, après laquelle, si elle ne nous donne pas le minimum d'un gouvernement, si elle ne peut pas elle-même s'y tenir, si au lieu de gouverner elle verse et renverse, elle passera vulgairemement et honteusement au pire des anciens régimes, avec lesquels il n'y aura plus qu'à la comparer : elle aura fait son temps.

Mais nous lui faisons grâce de trop; car, ce dont finalement elle a le plus vécu et dont elle aurait odieusement capté et trompé la confiance publique, ce sont ses programmes, si elle ne les tenait pas. Or, qu'ont-ils été autre chose que liberté, droits, émancipation, pacification, prospérité, progrès?... Que si, dans une telle situation, elle ne nous donnait rien de ces choses, mais leur mépris effronté, elle serait à jamais confondue par elle-même, ce dont on ne se relève pas.

Nous avons donc eu raison de dire qu'elle joue sa dernière partie.

Ajoutons qu'elle la perd, et que c'est là tout à la fois l'intérêt et la facilité que nous avons d'en finir avec elle, si, pendant que nous sommes encore de force, nous savons user à temps de tous les avantages qu'elle nous donne sur elle-même.

Pour cela, nous n'avons pas à la précipiter ; non, et même gardons-nous-en bien : ce serait lui refaire une situation de victime dont elle se prévaudrait plus tard ; mais ce qui est bien notre droit, par exemple, nous avons à ne pas nous laisser précipiter ; et, par la seule mais haute et ferme résistance que nous lui opposerons, à faire qu'elle se précipite elle-même.

Voyons, à cet égard, combien la situation qu'elle nous fait nous est favorable.

Elle n'y met plus de mystère : elle est la guerre ; et la guerre à la religion, au principe même de toute religion, à Dieu. Que ce soit son affaire, passe. Mais elle veut en faire la nôtre.

Elle fait l'injure à la raison et à la conscience publiques de croire que nous pactiserons tous avec elle, et que nous courrons le risque d'un tel combat. Comme elle est au pouvoir, elle prétend même nous y enrôler de force, et commence par vouloir nous imposer, pour première contribution, le sacrifice de nos droits les plus acquis et de nos libertés les plus chères; elle qui nous en promettait tant d'autres.

Ici, nous avons tous, quel que soit notre degré de croyance, le droit incontestable, le devoir même indéclinable de résister. Il ne s'agit pas de politique, il ne s'agit pas même uniquement et exclusivement de religion; mais ce dont il s'agit, pour tous également, c'est de ce qui en est, de fait, la conséquence : c'est de ces droits et de ces libertés qui sont notre patrimoine et comme la pierre sacrée de nos foyers.

Le foyer, ce retranchement impénétrable de la liberté des convictions et des sollicitudes d'un père et d'une mère sur leurs enfants, en qui ils veulent continuer leur honneur et leur foi, et souvent réparer ce qui leur a manqué à eux-mêmes de celle-ci, voilà ce que vise au fond la Révolution, en frappant la délégation d'éducation et d'enseignement qui en émane à des institutions qui en soient l'image et à des maîtres, à des *pères*, qui soient comme d'autres nous-mêmes pour nos enfants. — Et pourquoi cette haine révolutionnaire du foyer? — Parce que le foyer se relie à l'autel, et qu'il est lui-même comme un autel. — De telle sorte, on peut le dire sans hyperbole, que c'est bien *pro aris et focis* que nous combattons.

La Révolution toutefois veut bien, provisoirement, ne pas forcer ce sanctuaire; provisoirement, car son instruction *obligatoire* viendrait bientôt en arracher nos enfants. Elle veut bien même nous y accorder la faculté d'un précepteur domestique. Mais, elle vient de le déclarer, elle interdira toute autre délégation de préceptorat qui en franchirait le seuil. Ironique mensonge, non-seulement de la liberté, mais de l'égalité, qui ne laisserait qu'à ceux dont la fortune exceptionnelle permettrait d'avoir un précepteur à la maison, la singulière faveur de cette liberté claustrale d'enseignement, condamnant la généralité des familles privées de cet avantage, à voir leurs fils, partis chrétiens, revenir athées!

Mais tout se tient dans l'ordre du vrai ou du faux, du bien ou du mal; et heureusement, car cela nous les fait distinguer et reconnaître. Convictions et croyances à part, autant que cela se peut faire, quelle sera la force des études, réduites qu'elles vont être au monopole révolutionnaire? Je ne parle pas de l'ancien monopole, qui avait gardé un fond chrétien; je ne parlerai même de l'enseignement officiel de nos jours qu'avec les égards qui sont dus à nombre de ses membres; mais enfin, pour l'instruction à tous les degrés, les résultats comparatifs avec l'enseignement libre sont là. Et s'ils venaient à ne plus être *comparatifs!* Et si le monopole ne s'inspirait plus que de la libre pensée et de la morale indépendante!...... Que deviendraient l'instruction et l'éducation en France? Quelle génération léguerions-nous à son avenir? L'imagination recule devant cet avilissement et cette honte, sans parler du péril national qui en sortirait.

Mais la Révolution en prend son parti; son parti, le sachant : étant forcée, par son principe antichrétien, de le vouloir. Périsse l'instruction, plutôt que de la devoir à une liberté qui se trouverait profiter au christianisme! Oui, et elle a eu la cynique naïveté de nous le dire un jour, en pleine tribune nationale : La liberté d'enseignement vous revient comme à tous, a-t-elle dit, c'est vrai; mais à une condition : c'est que vous ne serez pas les plus forts; c'est que vous ne ferez pas ombrage à l'État par la supériorité des résultats de vos universités et de vos maisons. La liberté dans vos mains est trop prospère. Vous êtes en situation de faire mieux que nous; vous faites trop bien ; et par là vous *accaparez* la confiance des familles. Je ne peux lutter avec vous, et c'est pourquoi je vous supprime.

Je le demande, peut-on mieux caractériser la liberté et en mieux justifier l'exercice que par cette raison même de sa suppression? N'est-elle pas précisément pour le bien, pour le mieux et pour le progrès; et non pour le moins bien, pour le mal et pour le recul? Cela ne revient-il pas à dire en un mot : Je supprime la liberté parce qu'elle est la liberté; et parce qu'elle n'est la liberté qu'étant chrétienne; que parce que le christianisme en a le privilége en ayant la paternité?

Mais comment! à l'heure même où nous traçons ces lignes, la Révolution ne vient-elle pas de nous faire officiellement cette même déclaration de n'en vouloir à la liberté que parce qu'elle est trop prospère? *Ce n'est pas la liberté*, nous dit-elle par la bouche de son propre ministre, *mais le privilége, que visent mes récents projets de loi.* Qu'est-ce dire, si ce n'est le privilége de la liberté, le privilége qui en résulte pour ceux qui la font trop bien fructifier? Ce qui revient à ceci : *Ce n'est pas l'arbre que je vise, mais le fruit.* Bon moyen en effet, d'empêcher ce *privilége* de l'arbre que de couper l'arbre par le pied !

Et c'est là un mot profond, échappé d'instinct à la Révolution, et d'une portée à viser toute liberté, la liberté même. La liberté, en effet, telle qu'elle est descendue du Calvaire sur le monde, et que les peuples modernes la connaissent et la pratiquent; la liberté de *rendre à Dieu ce qui appartient à Dieu, en rendant à César ce qui est de César;* — « Mot d'un spiritualisme accompli et d'une justesse merveilleuse, qui a fondé la distinction du spirituel et du temporel, et a posé la base du vrai libéralisme et de la vraie civilisation, » a très-bien dit M. Renan après M. Guizot et tous les publicistes, — la liberté, dis-je, est un *privilége* octroyé par le Ciel à la terre, qui n'en avait jusque-là que l'attente et que l'espoir. Mais elle n'est pas un privilége en tant qu'elle aurait été restreinte à quelques-uns : tous y ont été appelés. Elle est devenue de droit humain chrétien. *Le christianisme est la grande liberté*, dont l'Évangile est la charte et dont la civilisation progressive des sociétés humaines est la floraison. Le privilége en a disparu dans son universalité d'accès; si ce n'est qu'elle est aux plus vaillants. — Comment donc, par qui donc peut-elle être taxée aujourd'hui, au sens partial du mot, de privilége, si ce n'est par rapport à l'antique servitude et à ceux qui voudraient nous y ramener; qui, jaloux d'un si grand bien en ceux qui le font valoir pour le progrès du monde, voudraient nous le dérober parce qu'eux-mêmes s'y dérobent, et qui, pour se venger d'être esclaves, voudraient être nos tyrans?

Voilà la Révolution confessée. Pour elle, la liberté est un privilége. On ne peut pas mieux dire que l'abaissement de la servitude est son régime de droit commun.

Par là nous sommes ramenés, ne le voudrions-nous pas, à reconnaître qu'elle n'est pas autre chose que la guerre au christianisme, au catholicisme, qui est le christianisme intégral; la guerre à Dieu dans le Christ, au Christ dans l'Église, et à l'Église dans la civilisation, qui en est la fille, et la France, sa fille aînée. C'est contre ce divin ensemble de merveilles, dont le plan s'impose à l'admiration méditative de qui n'en a pas la foi, qu'elle prétend réagir. A la distance de dix-neuf siècles, elle n'est pas autre chose qu'une revanche du vieux paganisme. Voilà ce dont elle croit faire passer le mépris sous l'imbécile mot de *cléricalisme*, et ce qu'elle a la folle audace d'appeler l'*ennemi*.

Toutefois, comprenons-le bien : quand nous disons folle audace, cela doit s'entendre contre l'Église qui a les *promesses*; contre Jésus-Christ, Roi éternel des siècles; et contre Dieu, qui ne peut qu'abaisser sur cette conjuration de pygmées un regard de dérision; mais il n'en est pas de même de la société, qui ne participe de ce souverain empire que tout autant qu'elle s'y *relie* par ce qu'on appelle pour cela *religion*. Sans quoi, elle irait d'elle-même à sa décomposition : qu'est-ce donc si elle laisse battre en brèche ce principe même de son existence!

Vous croyez en être quitte pour la perte de la liberté d'enseignement? mais, outre que cette grande liberté est la clef de l'avenir d'une nation circonvenue de toute part dans le présent par la négation de toute vérité religieuse et par là même sociale, le but déicide de la Révolution étant posé, elle ne peut pas plus nous donner la prospérité matérielle et commerciale, pas plus les réformes économiques, pas plus l'amélioration sociale des classes ouvrières, pas plus le relèvement de la France dans le concert européen, et mille autres biens dont l'appauvrissement nous fait languir, et dont la perte va creusant l'abîme : d'abord, parce qu'elle mine sous nos pieds le principe générateur social de tous ces éléments de notre existence ; ensuite, parce que, toute à cette grande guerre, elle a trop à faire pour s'occuper de nos vulgaires intérêts.

A la guerre comme à la guerre. Or, la Révolution est la guerre, et à quel ennemi !

Nous ne savons que trop ce qu'il nous en a coûté pour avoir prolongé outre mesure la résistance à une puissance que nous aurions pu battre si nous eussions été libres, ou du moins amener à meilleure composition : qu'est-ce donc d'une attaque à la Toute-Puissance, à la nature des choses, à l'impossible ?

La folie furieuse se disant le *Gouvernement de la Défense nationale* n'est rien auprès de ce qu'on pourrait aussi bien appeler le *Gouvernement de la guerre à Dieu.* Le monde entier s'y engouffrerait.

En voilà assez, pensons-nous, pour nous inspirer la résolution d'en rompre les plans à tout prix.

Mais quelle conduite tenir à cet effet ?

XII

D'abord, et tout au moins, c'est de ne pas être les complices de la Révolution.

Un jour, au pied de la chaire où Bourdaloue montait pour frapper ses grands coups sur les vices de la cour, Condé, élevant la voix au milieu du royal auditoire où le silence avait peine à se rétablir : *Attention! messieurs*, dit le vainqueur de Rocroy, *voilà l'ennemi !*

Ce mot est d'une vérité saisissante.

Ce qui arriva de Condé, on le sait : il fut, pour ainsi parler, victorieusement vaincu, « plus « triomphant, selon le mot de Bossuet, qu'à Fri« bourg et à Rocroy ; » parce qu'il fut triomphant de lui-même.

Mais son mot a reparu de nos jours, en des termes, d'une bouche, et à une intention qui, pour ne pas être d'un Condé, ne lui ont valu, c'est triste à dire, que plus de fortune. *Le cléricalisme, voilà l'ennemi!* ce mot, jeté sur la France comme un coup de filet, a amené à la Révolution des multitudes de complices, parmi ceux-là mêmes qui avaient le plus intérêt à la combattre, qui même s'étaient préposés à nous en tirer, et qui ont été des premiers à se disculper de *cléricalisme* et à faire par là chorus avec la Révolution.

C'est que, il faut bien en convenir : Dieu gêne le mal en nous; et en cela il est *l'ennemi.* — Mais ce que la Révolution n'aura pas tardé à nous apprendre aussi bien : c'est que Dieu nous en délivre; et qu'en cela il est l'ami.

A nous de choisir entre l'un et l'autre; à nous de prononcer sur la question de savoir si nous sommes de la Révolution à ce point, que nous préférions avoir Dieu pour ennemi, que pour libérateur.

Ce n'est pas trop s'engager, pensons-nous, d'affirmer que, si on faisait un plébiscite sur cette suprême question, la Révolution serait confondue.

Cela supposé, sans témérité, agissons en conséquence.

La Révolution a des intelligences dans la place, en chacun de nous ; commençons par les faire taire.

Ce n'est pas assez : évoquons ce qu'il y a de meilleur en nous, et opposons-le à cette cruelle et sacrilége audace, qui s'autoriserait de nous-mêmes et de nos faiblesses pour s'attaquer à ce que nous avons de plus cher et de plus sacré, à notre chair et à notre sang, et qui nous rendrait en quelque sorte parricides.

Mais que faut-il faire plus précisément à cet effet ?

La chose est très-simple, et veut seulement un dernier moment d'attention.

Il ne s'agit ici ni de république, ni de monarchie, ni de chose politique quelconque. Si indicatives que puissent être les affinités de la Révolution pour la solution ultérieure des questions de cet ordre, la Révolution prise en elle-même, nous le savons maintenant, n'est rien de cela à travers tout cela.

-- Elle est l'attaque sociale à la religion.

Nous devons donc être la défense sociale de la religion.

Son terrain détermine le nôtre.

Mais ce terrain, dira-t-on, n'est que celui des hommes religieux proprement dits ?

Erreur, grande erreur, qui n'a que trop duré, et de laquelle il est plus que temps de revenir.

La belle parole de Montesquieu : « Chose admirable ! la religion chrétienne, qui ne semble « avoir d'objet que la félicité de l'autre vie, fait « encore notre bonheur dans celle-ci, » ne s'applique pas, sous sa plume, au bien des particuliers seulement, mais principalement au bien public, aux lois politiques et civiles et au droit des gens, ce à quoi il consacre trois chapitres. C'était en lui des aperçus de génie. Mais aujourd'hui, il est clair aux yeux de tous, par les entreprises de la Révolution et leurs effets, que la religion n'est pas seulement dans ses sanctuaires, mais qu'elle est aussi à nos foyers, dans nos mœurs, dans nos institutions, dans nos lois, dans nos droits, dans nos libertés, dans nos intérêts temporels ; en un mot qu'elle est chose sociale au premier chef, et qu'à ce titre elle doit être défendue par tous ceux qui n'ont pas abjuré, je ne dis pas la religion, mais la société même.

On peut ne pas être chrétien en pratique ; mais, si on a quelque chose à faire respecter et à préserver dans la vie, on est *conservateur*, mot qui revient, au fond, à chrétien. On peut, sans en renier la croyance, et loin de là, se persuader que Dieu n'importe pas quotidiennement dans la vie privée, — tout en recueillant le bénéfice de tous les biens et de toutes les garanties que cette sainte croyance nous vaut en ceux qui la prennent plus au sérieux. — C'est là une responsabilité dont, si grave qu'elle soit, nous n'avons pas à traiter ici. Mais il n'en va pas ainsi de la société, qui sans ces biens et ces garanties, et toutes nos institutions chrétiennes ou pénétrées de christianisme venant à disparaître, s'effondrerait sur l'heure.

Il y a donc deux choses à considérer : la religion prise au sens privé, et la religion prise au sens social.

Le devoir logique est de ne pas séparer ces deux aspects de la religion.

Et cependant, si un trop grand nombre s'abstient de la religion privée, il en est aussi parmi ceux mêmes qui lui sont fidèles qui s'abstiennent de la religion sociale.

Eh bien, telle est l'urgence de celle-ci, de nos jours, que, dans l'hypothèse de cette séparation, du fait de ceux qui en sont coupables, nous n'hésitons pas à dire que c'est la religion sociale qui doit primer. Oui, entre un homme qui sera un fervent chrétien, mais à huis clos, et qui, de peur de se compromettre, ne professera pas hautement sa foi, dans les affaires publiques, où elle est aujourd'hui directement en cause ; et un homme qui, en retard de conformer sa vie privée à sa croyance, ne craindra pas, pour conjurer le péril public, de prendre parti pour celle-ci en repoussant les entreprises dont elle est l'objet, celui des deux qui nous paraît encourir la plus grande responsabilité, à cette heure, ce n'est pas ce dernier, c'est l'autre.

Nous renverserons en un mot la thèse libérale, qui réduit la religion au particulier, et qui, par là, n'a pas peu contribué à découvrir la société à la Révolution. Nous relèverons ce rempart de la religion sociale et publique dont la défense constitue un devoir civique au premier chef, trop motivé dans son ordre, et plus urgent, dans la circonstance, que la religion au simple particulier.

Qui donc a le malheur d'être tellement déshérité de croyance religieuse quelconque, chrétien, protestant, israélite, sectateur de quelque culte que ce soit, fût-ce de la simple religion naturelle, que d'abandonner aux seuls catholiques la charge et l'honneur de combattre pour la société en combattant pour la religion, et que de laisser prévaloir l'athéisme? je dis plus, qui n'est au moins religieux dans les siens et pour les siens, et qui n'a la religion de la famille et de la patrie? Non, c'est un combat qui ne peut profiter à tous, que si tous y participent.

Voyez l'ennemi : il n'est pas antireligieux à demi ou à la dérobée, lui : loin de là, il n'a pas assez de bouches ni assez de voix pour proférer ses blasphèmes et ses programmes de proscription et de destruction. Et remarquez que plusieurs des siens sont moins impies en particulier qu'ils ne le deviennent en public; mais le mauvais esprit de la cause à laquelle ils se sont voués les rallie et les porte au même combat.

Faisons ainsi pour la défense sociale, identique aujourd'hui à la défense religieuse.

Quel que soit notre degré de croyance, explicite ou implicite, privée ou sociale, nous tous vraiment conservateurs pour nous et pour les nôtres, pour nos foyers et pour nos enfants, professons Dieu; Dieu et la vraie liberté : celle de bien faire.

Isolons la Révolution par une vaste ligue de toutes les consciences qui ne sont pas socialement athées.

Autorisons-nous, armons-nous de ce noble grief, au nom duquel on veut nous enchaîner, d'avoir Dieu pour nous; et jetons à la Révolution cette fière parole de saint Paul au vieux monde : *Si Dieu est pour nous, qui contre nous?...*

www.ingramcontent.com/pod-product-compliance
Lightning Source LLC
LaVergne TN
LVHW020354230826
846091LV00003B/1106

9782011763150